Illisibilité partielle

Contraste insuffisant
NF Z 43-120-14

Valable pour tout ou partie
du document reproduit

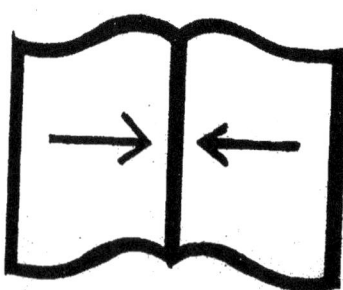

RELIURE SERREE
Absence de marges
intérieures

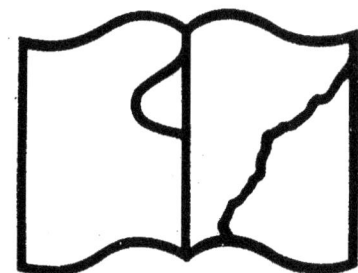

Texte détérioré — reliure défectueuse
NF Z 43-120-11

Valable pour tout ou partie
du document reproduit

Couvertures supérieure et inférieure manquantes

LES ÉCRIVAINS D'AUJOURD'HUI

NOS POÈTES

POUR PARAITRE PROCHAINEMENT :

DE M. JULES TELLIER

Poésie

LES MIRAGES

Prose

CONTES PHILOSOPHIQUES
L'ERUDITION ROMANTIQUE

DANS LA SÉRIE DES ÉCRIVAINS D'AUJOURD'HUI

DE M. CHARLES LE GOFFIC

NOS ROMANCIERS

ÉMILE COLIN — IMPRIMERIE DE LAGNY

LES ÉCRIVAINS D'AUJOURD'HUI

★

NOS POÈTES

PAR

JULES TELLIER

———

PARIS
A. DUPRET, ÉDITEUR
3, RUE DE MÉDICIS, 3
—
1888

Je veux vous parler de nos poètes d'à présent, et de leur poésie. Et je le ferai avec des candeurs admiratives et des exclamations dont vous sourirez. Car je me sens, quoique j'en aie, fils du siècle où l'on s'est le plus exagéré l'importance et la « mission » des rimeurs. Quelque effort que je fasse, je n'arrive point à me persuader qu'ils ne soient pas plus utiles à l'État que les bons joueurs de quilles; et, encore que j'aperçoive clairement, à de certaines heures, la vanité, et la puérilité, si l'on veut, de leur besogne, il me suffit de les relire, pour être pris à nouveau de la divine folie du rythme. J'ai été l'enfant que fut Ovide, lisant les poètes de Rome, et songeant à eux avec vénération, et les imaginant pareils à des dieux :

Quotquot erant vates, tot rebar esse deos...

Et l'homme ne s'est pas dépouillé tout à fait des illusions de l'enfant. En vérité, quiconque a fait seulement tenir sur pied dix bons vers, celui-là, n'eût-il d'ailleurs, comme il arrive, ni de bon sens, ni d'idées, ni d'esprit, m'apparaît encore parfois comme un être privilégié, aux cheveux ceints d'une auréole et au front marqué d'un signe. Mieux vaut vous prévenir d'abord que me surveiller toujours. Vous ferez la part de mes ingénuités, et vous ne retiendrez que ce qu'il vous plaira de mes dithyrambes.

NOS POÈTES

LIVRE PREMIER
QUATRE MAITRES

I

M. LECONTE DE LISLE

Pour avoir succédé à Syrianus, son maître, le philosophe Proclus était nommé par les Athéniens « le Successeur », par excellence. Ce pourrait être le surnom de M. Leconte de Lisle. Il apparaît surtout comme l'héritier de Hugo (en plus d'un sens). Notez que certains veulent qu'il ne lui ait point succédé seulement, mais qu'il l'ait remplacé aussi. Il y a tels Parnassiens qui ne se cachent point de préférer les *Poèmes barbares* à la *Légende des Siècles*. Et ils ne manquent pas de bonnes raisons pour justifier leur goût.

I

M. Leconte de Lisle est le plus éblouissant des peintres du monde physique. Là où il décrit, il n'y a point un mot chez lui qui ne fasse image. Hugo (si l'on excepte les *Orientales*) abonde en chevilles. Les mots, sous sa plume, s'appelaient l'un l'autre par une sorte de procédé mécanique : souvent, on pouvait se demander si, en les écrivant, il avait eu conscience de leur valeur. M. Leconte de Lisle est le poète le plus « conscient » qui soit. Il n'a point de hasards. Il ne sacrifie rien aux tentations de la rime. Il écrit les yeux toujours fixés sur une vision précise. Il la fait passer tout entière dans son poème, et rien qu'elle. Les anciens disaient des discours de Démosthène qu'on n'y pouvait retrancher rien, et de ceux de Cicéron qu'on n'y pouvait rien ajouter. Il semble que les descriptions de M. Leconte de Lisle méritent à la fois les deux éloges, et qu'elles étonnent également par la sobriété et la magnificence. Et n'est-ce point chose légitime, de les préférer aux descriptions de Hugo, prolixes, non composées, pleines de lacunes et de rédites, traversées d'inutilités didactiques et de vocables abstraits?

M. Leconte de Lisle est le plus sonore, et, si j'ose dire, le plus assourdissant des poètes. Le conseil ingénu et singulier que donnait Ronsard aux rimeurs de son temps, d'user beaucoup de la lettre R, « qui fait une sonnerie et batterie héroïque au vers françois », il l'a suivi plus fidèlement que personne ; et il a obtenu des alexandrins d'une sonorité continue, et comme d'un fracas de métal :

> Au tintement de l'eau dans les porphyres roux,
> Les rosiers de l'Iran mêlent leurs frais murmures,
> Et les ramiers rêveurs leurs roucoulements doux ;
> Tandis que l'oiseau grêle et le frelon jaloux,
> Sifflant et bourdonnant, mordent les figues mûres,
> Les rosiers de l'Iran mêlent leurs frais murmures
> Au tintement de l'eau dans les porphyres roux... (1)

Et remarquez qu'ici M. Leconte de Lisle veut être séduisant. Quand il lui plaît d'être farouche, il a d'autres sonorités à son service :

> Et les grands chiens mordaient le jarret des chamelles,
> Et les portes criaient en tournant sur leurs gonds... (2)

Ses vers sont toujours ainsi ; et il ne coûte rien

(1) La *Vérandah* (Poèmes barbares).
(2) *Qaïn* (Poèmes barbares).

d'avouer que ceux de Hugo paraissent comme voilés et sourds à côté.

Enfin, M. Leconte de Lisle est un historien et un philosophe.

Un historien, d'abord. Hugo ne se souciait guère, au fond, de ce qu'avaient été les hommes des anciens temps. Toute son ambition n'allait qu'à rimer richement des histoires édifiantes, et à les orner de façon décorative (1). Cette observation facile, que la première punition du meurtrier c'est le remords, il en tirait une légende hébraïque (La *Conscience*) (2), une légende scandinave (Le *Parricide*) (3), une légende écossaise (L'*Aigle du casque*) (4), une légende pyrénéenne (*Gaïfer-Jorge*) (5). Nulle inquiétude en tout cela des diversités d'imagination des peuples. Presque tous les détails, on les transposerait sans inconvénient. Qu'a l' « œil » de Caïn de particulièrement hébraïque ? Et que voyez-vous d'expressément scandinave, je vous prie, dans la pluie de sang qui poursuit Kanut ? Et si Caïn était poursuivi par la

---

(1) On voit assez que je ne parle ici que du [Hugo de la *Légende*.
(2) *Légende des siècles*, 1ʳᵉ série.
(3)   Id.   id.
(4) *Légende des siècles*, 2ᵉ série.
(5)   Id.   id.

pluie de sang, et Kanut par l' « œil » céleste, ne vous paraît-il pas que tout irait de même? L'histoire n'est ici qu'un cadre, qu'un prétexte. Disposer de tels poèmes en série, ce n'est point résumer la vie de l'humanité ; c'est la remplacer par je ne sais quel supplément aux petits livres de morale en action. Mais M. Leconte de Lisle a vraiment fait vivre devant nous des Indiens, et des Grecs, et des barbares du moyen-âge. Ce témoignage, il a le droit de se le rendre, qu'il a été, comme Michelet, de ceux qui ont vécu une double vie, et qui ont passé parmi nous entourés des fantômes de nos pères lointains, et conversant avec eux ; et ce n'est pas sans raison (ni sans grandeur) qu'il disait hier encore :

J'ai goûté peu de joie, *et j'ai l'âme assouvie*
Des jours nouveaux autant que des siècles anciens... (1)

Et M. Leconte de Lisle est un philosophe. Le pessimisme et la désespérance n'ont guère eu d'apôtres plus éloquents ni plus obstinés. Rien de plus net et de plus conséquent que sa doctrine. Il n'a point dans toute son œuvre une échappée spiritualiste. Nulle part, il n'hésite ou ne se con-

(1) *Poèmes tragiques.*

tredit. Jamais il ne voit autre chose dans le tombeau 'qu' « une nuit sans aurore (1) ». Jamais il n'a l'idée seulement d'espérer rien de l'au-delà, sinon le divin repos. Il reste partout fidèle à la double conviction que cette vie est tout, et qu'elle est mauvaise. Et par là, sans avoir traité jamais de sujets contemporains, ni cherché à séduire les foules, il est plus « moderne » pourtant et plus voisin de nous, que ce Hugo qui se paya de tant d'illusions et de rêves. Ses poèmes ont (sans parler du reste) une double supériorité sur ceux de la *Légende*. D'abord, ils sont vraiment des poèmes historiques, et ceux de la *Légende* ne sont que des symboles. Puis, même à les considérer comme des symboles, ils nous intéressent plus que ceux de la *Légende*, qui ne sont que cela. Le *Qaïn* est sûrement un poème plus oriental et biblique que la *Conscience;* et il est sûr aussi qu'il est d'une pensée autrement hardie et forte. Lisez-le dix fois. Vers la dixième, quand votre œil se sera fait à l'orgie des couleurs, et votre oreille au fracas des sons, vous commencerez d'y discerner une des plus hautes protestations que l'humanité ait fait entendre contre l'existence du mal moral. Et, puisqu'il contient, ce poème, tant de choses en vingt pages, puisqu'il

(1) *Si l'aurore...* (Poèmes tragiques).

a tout, éclat, sonorité, pensée, que lui manque-t-il donc ? et comment n'y verrions-nous point le chef-d'œuvre de la poésie de ce temps ?

II

Hugo conserve pourtant ses fanatiques, dans les provinces surtout (tel Brébeuf aux temps de Boileau). Et l'un d'entre eux répond à cela :

« Ce qui manque à ce *Qaïn* qui a tant de choses ? il lui manque un peu d'humanité, tout bonnement. M. Jules Lemaître l'a comparé au *Prométhée* d'Eschyle. (1) Mais, encore qu'il soit un demi-dieu, Prométhée est un homme. Et l'*Eloa* du divin Vigny est une femme aussi ; et c'est ce qui fait d'*Eloa* et de *Prométhée* d'éternels chefs-d'œuvre. Ces poèmes-là ne contiennent pas seulement de beaux tableaux, et, par dessous, de beaux symboles, ils contiennent aussi des « drames » (entendez le mot au sens le plus haut). Qaïn n'est qu'une marionnette énorme, qui fait des gestes pendant que le poète dit de beaux vers. M. Leconte de Lisle a ceci de commun avec Hugo qu'il n'est point un créateur d'âmes.

(1) *Les Contemporains*, 2ᵉ série.

1.

Mais l'âme de Hugo, du moins, m'intéresse. Je l'aime jusque dans ses petits côtés, dans son éternel besoin de faire illusion à lui-même et aux autres. Même lorsqu'il fait le terrible, il a une bonhomie qui peut plaire. Et comme, çà et là, il est tendre et profond! Comme telle de ses petites chansons nous est indulgente, et nous va au cœur :

> Un hymne harmonieux sort des feuilles du tremble ;
> Les voyageurs craintifs, qui vont la nuit ensemble,
> Haussent la voix dans l'ombre où l'on doit se hâter... (1)

N'est-ce pas qu'elle est toute charmante, cette bienveillance à nos faiblesses, et cette sympathie pour nos craintes ? Un Grec l'aurait eue. Musée dit de Léandre : « A vrai dire, il trembla d'abord.... » Mais croyez-vous que M. Leconte de Lisle pense jamais à nous plaindre d'avoir peur la nuit? Il n'a garde. Cela ne serait point de sa dignité. Il ne songe qu'à nous étonner de sa solennité perpétuelle et de ses gestes sculpturaux. Ses lamentations pessimistes même, encore qu'elles soient belles, ne nous émeuvent pas tant que celles de M. Sully (qui est pourtant un moindre artiste) ou de madame Ackermann (qui n'est pourtant point artiste du tout). C'est qu'il a l'air tout consolé au

(1) *Quatre Vents de l'Esprit.* Livre III.

moment où il se lamente, et que visiblement les cruautés du destin lui sont avant tout une matière à faire de grands vers. Et ces vers nous fatiguent à la longue, parce que tout y est poussé au même ton, et mis en saillie d'un relief égal. Hugo a dit admirablement de Satan, qui dans sa chute au fond du gouffre voit disparaître au dessus de lui le dernier astre :

> Il replia son aile aux ongles de granit,
> *Et se tordit les bras* : et l'astre s'éteignit. (1)

Mais, de Satan aussi, M. Leconte de Lisle écrit :

> Et, se tordant les bras, et crispant ses orteils.... (2)

Et je crois voir une statue où l'orteil serait de même longueur que le bras. Ainsi de la sonorité de ses vers. Ils seraient assurément les plus beaux du monde, si l'on accordait seulement que les « chants les plus beaux » sont ceux qui font le plus de bruit. Mais le mérite des grands poètes, ce n'est point précisément de faire du bruit et d'en faire toujours. C'est de donner plus d'intensité et de puissance à l'accent des émotions humaines. Où l'accent se perd, le bruit n'est plus

(1) La *Fin de Satan*.
(2) La *Tristesse du Diable* (Poèmes barbares).

rien. Il est sûr qu'on peut faire plus de bruit avec un clairon qu'avec une voix d'homme. M. Leconte de Lisle a un clairon, et voilà tout. S'il est pour cela un plus grand poète que Hugo, c'est donc que les vers de Néron que cite Perse : « *Torva Mimalloneis....* » (1) sont les plus admirables des hexamètres latins, car ils sont d'une sonorité prodigieuse ; et que l'*Enlèvement de Proserpine* est un plus beau poème que l'*Enéide*. Et, je ne sais comment, je n'aurais rien à opposer à ces affirmations qu'elles m'inquiéteraient encore. Vive après tout notre vieux Hugo ! ainsi que disait Sévigné de Corneille. Pardonnons-lui de méchants vers en faveur de son génie, et, si fort qu'on se flatte de l'avoir remplacé, continuons de le regretter tout de même.... »

III

Le diable soit des faiseurs de parallèles ! Ne vous semble-t-il point que cet exalté fait une pauvre besogne en s'acharnant à rabaisser M. Leconte de Lisle au profit de Hugo ? et que la nôtre n'était guère meilleure (mais nous nous en doutions un peu), quand tout à l'heure nous nous

(1) Perse. Satire I.

appliquions à rabaisser Hugo au profit de M. Leconte de Lisle ? Les grands poètes veulent être admirés séparément, et chacun d'une admiration souveraine. « A Pégase donné, disait Hugo lui-même, je ne regarde point la bride. » (1) Qui s'inquiète trop des lacunes, c'est qu'il ne sent point assez le génie. « Pour moi, dit M. Weiss parlant de *Polyeucte*, quand je lis de tels vers je ne sais que m'écrier : Hosannah! Hosannah! » Serait-ce qu'il ignore que Racine a des dons à un degré éminent, dont Corneille est tout à fait dépourvu ? Non pas : mais il l'oublie ; et je l'estimerais moins s'il s'en souvenait.

Comme, au reste, il serait aisé de quereller sur ces querelles, de chicaner sur ces chicanes! Quoi! M. Leconte de Lisle ne serait que le plus laborieux et le plus martelé des versificateurs? Mais il a écrit les vers les plus rapides, les plus ailés, les plus divins du monde :

A travers le ciel pur des nuits silencieuses,
Sur les ailes du rêve il revenait vainqueur...

Et moi aussi, quand je lis de tels vers, je ne sais que m'écrier : Hosannah! — Et M. Leconte

---

(1) *William Shakespeare.*
(2) *Nurmahal* (Poèmes barbares).

de Lisle se soucierait uniquement de son art, et, pareil aux olympiens, n'aurait que dédain pour nos misères ? Mais les olympiens eux-mêmes ont un cœur ; et quand ils s'émeuvent, d'aventure, leur compassion a des accents où n'atteint point celle des mortels. La sublime plainte que celle-ci !

> Sombre douleur de l'homme, ô voix triste et profonde,
> Plus forte que les bruits innombrables du monde,
> Cri de l'âme, sanglot du cœur supplicié,
> Qui t'entend sans frémir d'amour et de pitié ?
> Qui ne pleure sur toi, magnanime faiblesse,
> Esprit qu'un aiguillon divin excite et blesse,
> Qui t'ignores toi-même et ne peux te saisir,
> Et, sans borner jamais l'impossible désir,
> Durant l'humaine nuit qui jamais ne s'achève,
> N'embrasses l'infini qu'en un sublime rêve...
> O conquérant vaincu, qui ne pleure sur toi ? (1).

(Sont-ce là, par parenthèse, des vers grossis et gonflés par des moyens extérieurs et artificiels, ou si, comme il me semble, une intime vertu les anime et les soulève ?)

Décidément, plus j'y songe, et plus notre fanatique de Hugo me semble injuste. Notez qu'il le serait encore plus s'il prétendait adresser ses chicanes au recueil le plus récent du poète ; et c'est

(1) *Baghâvat* (Poèmes antiques).

sur celui-là que je veux insister un peu, parce qu'il est moins connu que les deux autres.

IV

Il y avait longtemps que l'auteur des *Poèmes antiques* et des *Poèmes barbares* nous promettait des *Poèmes tragiques*. Ils furent annoncés d'abord avec ce sous-titre : *Croisades et Jacqueries*. Il semblait que ce dût être un recueil très spécial, consacré tout entier aux scènes les plus sanglantes du moyen âge. Le livre parut sans le sous-titre annoncé (1884), et il se trouva bien différent de ce qu'on attendait.

Les *Poèmes tragiques*, ce sont encore des *Poèmes antiques* et des *Poèmes barbares*. De toutes les pièces qu'il a réunies sous un nouveau titre, M. Leconte de Lisle eût pu sans inconvénient grossir ses deux premiers recueils. La *Résurrection d'Adonis*, les *Erynnies* eussent été se joindre aux *Poèmes antiques*. Les *Poèmes barbares* se seraient enrichis du *Romance de don Fadrique*, du *Chapelet des Mavromikhalis*, du *Suaire de Mohamed-ben-Amer-al-Mançour*.... Et si l'on n'eût point été prévenu, eût-on aisément distingué les poèmes nouveaux des anciens ?

Ce sont toujours les mêmes grands vers lents et rudes, plus fortement accentues et scandés qu'aucuns autres. — Ce sont les mêmes descriptions d'une splendeur précise. — C'est la même ménagerie. M. Leconte de Lisle est le grand animalier de la poésie française. Voici la *Chasse de l'Aigle* et l'*Albatros* après le *Sommeil du Condor* (1). Voici le *Requin* (*Sacra fames*) après les *Eléphants*, le *Jaguar* et la *Panthère noire* (2). — C'est la même philosophie morne aussi. La *Lampe du Ciel* répète la *Chute des Etoiles* (3).

> Toujours, à jamais, éternellement,
> Nuit ! Silence ! Oubli des heures amères !
> Que n'absorbez-vous le désir qui ment,
> Haine, amour, pensée, angoisse et chimères?
> Que n'apaisez-vous l'antique tourment,
> Nuit! Silence! Oubli des heures amères !
> Toujours, à jamais, éternellement?

Mais, si fort que tout cela se rapproche de ce que nous connaissions, il me semble que les pièces nouvelles ont tout de même leur caractère et leur accent.

D'abord, elles sont moins fortement composées.

(1) *Poèmes barbares.*
(2)   Id.
(3)   Id.

On peut trouver que *Hiéronymus*, l'*Apothéose de Mouça-al-Kébir*, le *Lévrier de Magnus*, sont des poèmes d'une longueur un peu disproportionnée à leur intérêt dramatique. — Puis, les vers, si âpres qu'ils soient encore, ont pourtant çà et là je ne sais quoi de moins arrêté, de plus libre, de plus aisé et de plus flottant (autant que ce dernier mot se peut appliquer à M. Leconte de Lisle). Me trompé-je, ou si vraiment quelques strophes de *Mouça-al-Kébir* font songer (d'aussi loin qu'on voudra, et avec une autre grandeur) à la manière cursive de M. de Banville ? — Ajoutez que le poète renonce souvent ici à sa gageure d'olympienne sérénité. Il laisse échapper ses véritables sentiments envers le moyen-âge chrétien :

> Dans chacune de vos exécrables minutes,
> O siècles d'égorgeurs, de lâches et de brutes,
> Honte de ce vieux globe et de l'humanité,
> Maudits, soyez maudits, et pour l'éternité! (1)

Et je ne sais si l'art y trouve son compte; mais nous aimons à le voir s'abandonner un peu. — Enfin, la poésie personnelle tient dans le livre plus de place. Le poète vieillissant est obsédé par ses souvenirs d'enfance, et aussi par l'idée de la mort.

(1) Les *Siècles maudits*.

C'est là une obsession bien naturelle, toute sympathique et humaine. Lisez les deux poèmes qu'elle lui a inspirés (1) (et qui resteront peut-être, avec le divin *Manchy* (2), ses chefs-d'œuvre). Vous n'aurez plus envie de reprocher à M. Lecoute de Lisle sa froideur. Les admirables pages, toutes pénétrées de l'émotion et de la tristesse de la mort approchante ! — « Qui ? me direz-vous, lui qui l'a tant célébrée et invoquée ?

> Et toi, divine Mort, où tout rentre et s'efface,
> Accueille tes enfants dans ton sein étoilé... (3)

Il s'en émeut et s'en attriste à présent ? Cela prouve que La Fontaine fut un homme de sens et que l'histoire du bûcheron est toujours vraie. » — Ne souriez pas trop vite. Il se pourrait que vous fussiez injuste. Si le poète invoquait autrefois la mort, c'est, peut-être, qu'il la craignait déjà. Pourquoi la craindre ne conduirait-il pas à l'aimer ? Qui la craint y songe souvent ; et il n'est pas de songe continuel où l'on ne finisse par trouver une

---

(1) L'*Illusion suprême*... *Si l'aurore*...
(2) *Poèmes barbares*.
(3) *Dies iræ* (Poèmes antiques).

douceur. Et puis, cela n'est-il pas naturel vraiment, que l'idée de la mort mène au dégoût de la vie ? Qu'est-ce qu'une existence d'un jour, empoisonnée par l'horrible attente de l'instant final ? Il est affreux qu'il faille mourir. Mais, dès qu'il le faut et qu'on le sait, il n'est pas moins affreux de vivre. Autant la mort tout de suite. On sera délivré du moins de la torture d'y songer. De là tant d'invocations au Néant. M. Emile Zola n'est point si malavisé de réduire tout le pessimisme de son Lazare à la peur physique de la mort (1). Oui, tel qui se plaint de la vie s'en plaindrait moins, s'il ne savait qu'elle doit finir. La peur et l'amour de la mort sont des sentiments plus voisins qu'on ne pense. Ou, mieux encore, ce ne sont, l'une que la forme simple, et l'autre que la forme dérivée d'un même sentiment. Et ce sentiment s'exprimera de préférence sous sa forme dérivée, avec de certains airs d'orgueil, de bravade et de défi, tant que la mort ne sera qu'une éventualité lointaine, et d'une importance, en quelque sorte, théorique. Mais il reviendra volontiers à sa forme simple quand la mort apparaîtra toute proche et menaçante. C'est là qu'en est M. Leconte de Lisle.

(1) *La Joie de vivre.*

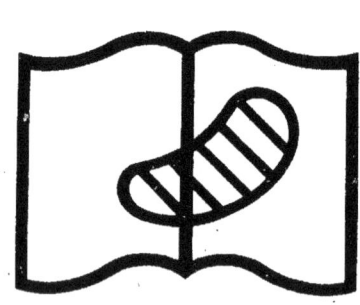

Original illisible
NF Z 43-120-10

> Ah ! tout cela, jeunesse, amour, joie et pensée,
> Chants de la mer et des forêts, souffles du ciel
> Emportant à plein vol l'Espérance insensée,
> *Qu'est-ce que tout cela, qui n'est pas éternel ?*
>
> *Soit !* la poussière humaine en proie au temps rapide,
> Ses voluptés, ses pleurs, ses combats, ses remords,
> Les dieux qu'elle a conçus, et l'univers stupide
> Ne valent pas la paix impassible des morts (1).

Le poète s'obstine à son amour de mourir. Mais voyez-vous comme il se trahit maintenant, et laisse voir le fond de cet amour ? Saisissez-vous ce qu'il y a de tristesse dans ce « Soit », et de regrets mal étouffés ? Comprenez-vous que ce n'est qu'à force d'horreur pour la mort qu'il se résigne à l'aimer ? C'est le même profond mélange de sentiments qui donne à ces autres vers une si magnifique éloquence :

> Je vous salue au bord de la tombe éternelle,
> Rêve stérile, espoir aveugle, désir vain,
> Mirages éclatants du mensonge divin
> Que l'heure irrésistible emporte sur son aile !
>
> Puisqu'il n'est par delà nos moments révolus,
> Que l'immuable oubli de nos mille chimères,
> A quoi bon se troubler des choses éphémères ?
> A quoi bon le souci d'être ou de n'être plus ?

(1) *L'Illusion suprême.*

> J'ai goûté peu de joie et j'ai l'âme assouvie
> Des jours nouveaux, non moins que des siècles anciens.
> Dans le sable stérile où dorment tous les miens,
> Que ne puis-je finir le songe de ma vie !
>
> Que ne puis-je, couché sous le chiendent amer,
> Chair inerte, vouée au temps qui la dévore,
> M'engloutir dans la nuit qui n'aura point d'aurore,
> Au grondement immense et morne de la mer ! (1)

O poète, jamais paroles ne furent dites au bord de la tombe qui soient plus grandes que les vôtres. Vous avez promené sur la vie et la mort un long regard triste, et l'âme du vieil Ecclésiaste a passé vraiment en vous. Vous avez parlé pour les siècles. Ils ne vous connaîtraient que par ces vers qu'ils vous maintiendraient encore au premier rang parmi les grands poètes...

---

(1) *Si l'aurore...*

II

M. THÉODORE DE BANVILLE.

M. Théodore de Banville n'est sûrement pas un de nos contemporains : c'est un Grec, ou mieux encore un homme de la Renaissance, égaré dans notre époque positive et triste. Aussi a-t-il eu, tout compte fait, peu d'influence. Ses disciples, Glatigny, Silvestre, Tailhade, La Villehervé; La Tailhède, forment une sorte de petit groupe isolé au milieu de nos poètes. M. Leconte de Lisle a été bien mieux compris et bien plus suivi. C'est que celui-là est un contemporain. Quelque soin qu'il prenne de nous dérouter, si fort qu'il affecte de se désintéresser de nous, et quelque persistance qu'il mette à ne nous entretenir que de Çunaçépa (1), de

---

(1) *Poëmes Antiques.*

Daçaratha (1), ou des Mavromikhalis (2), nous le reconnaissons pour un homme de ce temps à son amertume, à sa philosophie révoltée et blasphématoire. Mais qu'a de commun avec nous M. de Banville ? Il n'a rien senti de nos inquiétudes et rien connu de nos maux. Notre âme lui est restée étrangère. Il a, lui, l'âme d'un enfant ou d'un dieu. L'univers lui apparaît comme une immense et splendide féerie. Il ne voit pas les innombrables laideurs des choses, et il n'est pas frappé de l'infinie cruauté de la nature. Il transforme et « apothéose (3) » tout, et il chante inépuisablement l'ivresse de vivre dans ce monde enchanté qu'il imagine.

S'il est de son temps en quelque chose, c'est en ceci seulement que le spectacle même de notre tristesse a pu l'affermir dans son parti-pris de voir tout en beau. Et sans doute encore, observant comme chacun autour de lui s'attribuait une mission, et se disait dépêché ici-bas « par un décret nominatif de l'Eternel », il s'est cru une mission lui aussi, celle de nous consoler et de nous arracher à

---

(1) *Poèmes Antiques*.
(2) *Poèmes Tragiques*.
(3) Le mot est de Baudelaire, dans son étude sur M. de Banville.

nos idées noires. Il l'a dit un jour, en termes magnifiques :

> Sans repos je me suis voué
> Au dessein d'embraser les âmes.
> Peut-être ai-je encor secoué
> Trop peu de rayons et de flammes... (1)

Ce scrupule, il était bien le seul à l'avoir. Secouer plus de rayons et de flammes qu'il n'avait fait ! Il semblait que la chose fût impossible. M. de Banville a pourtant accompli ce miracle, en un poème récent, le *Forgeron*, — un chef-d'œuvre, et, je crois, son chef-d'œuvre.

I

Le *Forgeron* est un poème dramatique. Ce forgeron est Vulcain. La scène se passe sur l'Olympe, et les acteurs sont uniquement des dieux et des déesses. Sont-ce bien les dieux et les déesses des Grecs ? Sans doute. Seulement, M. de Banville les a, comme disait un jour Jules Lemaître, « polychromés » (2.) Et puis, il me semble qu'il y a, çà et

(1) *Odes funambulesques.*
(2) *Les Contemporains*, Ire série.

là, dans le poème, des choses peu antiques. S'il ne manque pas de vers directement inspirés d'Homère, il s'en trouve aussi dont Homère, ou tout autre ancien, eût pu difficilement avoir l'idée. Quand Vénus raille la « mine fatale » d'Apollon et de Bacchus, je crains que cette Vénus-là n'ait lu *Antony et Marion;* et quand elle ajoute :

> Attendez-vous.....
> Qu'au nom de cette faim si prompte à m'implorer,
> Je vous donne à tous deux mon cœur à dévorer?

j'ai peur que ces façons de s'exprimer ne soient moins grecques qu'espagnoles ou italiennes. Ajoutez que ces dieux sont bons prophètes : ils se prédisent l'un à l'autre le christianisme, les chemins de fer, les ballons dirigeables, et que sais-je encore ? Mais le charme du poème est tel, qu'on passe à l'auteur ces choses, et qu'on lui en passerait bien d'autres. Ce charme, j'aurai bien du malheur si une analyse (aussi brève que possible) entremêlée de citations (aussi longues qu'il se pourra) ne le fait pas sentir, au moins en partie.

Les dieux ont vaincu les Titans, amis des hommes. Ils règnent désormais sans conteste, et, du haut de leur Olympe, tyrannisent la nature. Le dernier des Titans, l'Amour, fils de la Nuit, a été enchaîné par Jupiter sous l'Œta. Les dieux se félicitent. Mais Mercure entre, et annonce que l'Amour a fui :

> Dans la lumière, par sa grande ombre assiégée,
> Il s'évadait, suivant toute la mer Egée.
> Les hommes s'effrayaient de ses ailes de feu
> Dont l'or vertigineux flamboie, et lui, le dieu,
> Volait, épouvantant les regards des peuplades
> Qui vivent près de nous dans les belles Cyclades...

L'Amour est ainsi arrivé devant Cythère. Là, il a jeté du sang de ses blessures dans la mer, et de ce sang est née une Titane d'une merveilleuse beauté (Vénus). — Jupiter irrité ordonne qu'on lui amène la fille de l'Amour.

Après l'avoir menacée, il s'apaise et lui accorde de rester dans l'Olympe à condition qu'elle ait choisi un mari avant le soir. Qui prendra-t-elle ? Elle veut un dieu qui se soit signalé par son amour des hommes. Bacchus et Apollon se présentent. Bacchus se vante de guérir tous les maux des mortels avec la Coupe, qu'a ciselée pour lui Vulcain :

> Celui que le puissant Jupiter exila,
> Et qui modela, puis fondit et cisela
> Divinement la coupe à la courbe immortelle,
> C'est le dieu de Lemnos, qui forge et qui martèle ;
> C'est lui, Vulcain, dont le grand cœur s'est réjoui
> De parer sa corolle ouverte...

Apollon, lui, se vante de faire oublier à l'homme tous ses ennuis avec la Lyre :

> En elle sont la joie et le sanglot amer,
> Et le tumultueux murmure de la mer.
> Elle a dompté les loups. Elle a bâti des villes
> Quand les hommes mortels formaient des troupes viles
> Et servaient de pâture offerte aux crocs sanglants,
> Et, pareils aux pourceaux hideux, mangeaient des glands.
> J'ai la Lyre, par qui tout est orgueil et fête,
> Et c'est Vulcain, le dieu de Lemnos, qui l'a faite...

Et Vénus hésite. Diane et Pallas viennent l'engager à conserver sa chasteté, à ne pas se laisser souiller par les embrassements d'un mortel ou d'un dieu. L'une exalte sa vie de chasseresse :

> .... Je vis mêlée avec l'horreur des bois,
> Et toujours mon grand arc parmi les feuilles sèches
> Au but que j'ai choisi fait s'envoler mes flèches,
> Car Vulcain de Lemnos, l'ouvrier diligent,
> Sur sa pesante enclume en a courbé l'argent.

L'autre célèbre ses plaisirs de guerrière :

> .... Quelquefois, l'airain d'un javelot,
> Fendant les airs, m'effleure avec sa dent vorace,
> Mais qui pourrait trouer ma brillante cuirasse ?
> Elle brave la hache et brise le couteau ;
> Vulcain l'a façonnée avec son lourd marteau...

Mais la Titane ne se laisse pas convaincre. Jupiter alors se met lui-même sur les rangs. Il a, lui, mieux que la Coupe, et la Lyre, et l'Arc, et l'Epée : il a la Foudre ; et c'est Vulcain, son fils, qui l'a faite pour lui. Mais la Titane ne veut pas du tyran. Et elle hésite toujours.

Cependant, ce nom de Vulcain, revenant sans cesse, a intrigué Vénus. Quel est donc ce merveilleux ouvrier qui a fait tant de choses et qui ne se montre point ? Mercure consent à satisfaire sa curiosité en l'amenant dans la forge de Lemnos. Là, le grand forgeron dit à Vénus sa solitude, sa tristesse, son labeur. Il lui dit aussi son remords d'avoir cloué Prométhée sur le Caucase, et son amour pour les hommes, et comment il a inventé pour eux les arts du feu. Et Vénus le plaint et l'admire, mais elle n'est pas encore conquise, car elle le croit indifférent. Vulcain la détrompe : il l'a vue sortir de la mer, et il l'admire depuis lors. Mais pour prouver son amour il n'a point parlé : il a agi. Il vient d'inventer pour elle les joyaux. Il les étale devant Vénus, et elle est éblouie :

Triomphe de la femme, ornements, pierreries !
O gemmes, diamants, joyaux, flammes fleuries !
Tant que nos cheveux d'or et nos yeux brilleront,

Vous chanterez ainsi la gloire d'un beau front,
Et nos bras, et nos cous de neige et tous nos charmes,
Et vous serez toujours mon trésor et mes armes,
Et l'amour, et la joie immense du ciel bleu !

Cependant le soir est venu. Jupiter rappelle à Vénus son ordre.

JUPITER
Déjà la grande Nuit, échevelée et nue,
Laisse traîner là-haut ses voiles sur la nue,
Et descend sur le Pinde et sur le Cithéron.
Qui prends-tu pour mari, Vénus ?

VÉNUS
Le Forgeron !

Elle épouse Vulcain, en effet. Et cela symbolise l'union de la Beauté avec le Travail et le Génie. Notez que si Vulcain est le Génie, Vénus le trompera avec Mercure (l'Adresse sans scrupules), avec Mars (la Force sans esprit) et avec bien d'autres encore. Mais le poète, très optimiste, ne se déconcerte pas pour si peu. Faisons comme lui, et ne creusons pas trop le sens de son œuvre. Quelle merveille d'ailleurs, pour la poésie, et la versification, et l'esprit ! Je ne crois pas que M. de Banville eût encore rien écrit d'aussi complètement admirable, d'aussi harmonieux et parfait que ces cent pages. Tous les vers sont ou très beaux ou très jolis; toutes les scènes sont ou grandioses ou charmantes; et jamais poète n'a tour à tour élevé et baissé le ton avec une si surprenante aisance. Comme toutes ces allusions à Vulcain, qui éveillent peu à peu la curiosité de Vénus, sont habilement ménagées et variées ! Quelle grâce et quelle finesse dans les conversations de Vénus avec Bacchus et Apollon, et avec Jupiter, et avec Mercure ! Quelle exquise et lumineuse idée que de montrer la femme à demi indifférente au Génie tant qu'elle le croit indifférent à elle, et ne se laissant tout à fait séduire par lui que lorsqu'il s'est mis au service de sa coquetterie ! Et tout cela, qui forme un magnifique et délicieux poème, ne forme-t-il pas en même temps une excellente comédie ? Avec ses trois parties (la naissance de Vénus et son introduction dans l'Olympe, — puis ses hésitations à choisir un mari, — et enfin la façon dont elle se décide pour Vulcain), n'est-elle point, cette comédie, d'une construction très savante à la fois et très simple, comme celles des Grecs ? et y a-t-il un public qui pourrait n'en pas être ravi ? Vous verrez cependant que nul directeur ne la jouera. Si après tout ce n'est pas du théâtre que cela, tant pis pour le théâtre. Et contentons-nous de parler du *Forgeron* en tant que « poème », puisqu'aussi bien M. de Banville ne lui donne pas d'autre nom.

II

Ce qui frappe tout d'abord dans la poésie du *Forgeron*, c'est que l'influence de Hugo s'y remarque à toutes les lignes. Elle a toujours été très sensible dans l'œuvre de M. de Banville ; elle l'est ici, ce me semble, bien plus que partout ailleurs. (L'observation n'est point pour déplaire à qui s'est toujours fait gloire du titre d'élève du poète de la *Légende des Siècles*). Cette idée de faire des dieux de l'Olympe de cruels usurpateurs et de prendre contre eux le parti des Titans, est une idée de Hugo (1) (qui l'avait empruntée à Eschyle) ; et certains développements du *Forgeron* sont inspirés visiblement de ceux de la deuxième *Légende*. — Quand M. de Banville fait, comme j'ai dit, prédire les chemins de fer dans l'Olympe, il reprend une assez étrange idée du *Satyre* (2) ; et ce n'est point l'idée seule qu'il reprend, mais les vers aussi qu'il imite, de plus près qu'on n'a coutume. — Enfin, le poème est rimé, si l'on peut dire, en rimes de

(1) *Légende des Siècles*, 2ᵉ série (*Entre Géants et Dieux*).
(2) *Légende des Siècles*, 1ʳᵉ série.

Hugo (*cavernes*, *Avernes*; *lions*, *rébellions*). Et l'on y rencontre aussi la plaisanterie énorme du vieux maître, — par exemple, quand, à Jupiter qui se vante, Vénus répond : « J'entends, prenez mon aigle ! » ou quand encore elle lui dit :

> D'autres vierges alors te feront délirer ;
> Tu les illustreras, et moi, pour éclairer
> Ces nobles jeux, tandis que tomberont leurs voiles,
> Si tu veux, je tiendrai dans mes mains des étoiles.

(Mais il faut vite ajouter qu'il y a dans le *Forgeron* des plaisanteries d'une autre qualité, toutes légères et charmantes, et qui ne rappellent qu'*Amphitryon*).

Quoi donc ? Ce qu'il y a toujours eu en M. de Banville d'imitation de Hugo se serait-il avec le temps si bien accentué, et comme mis à nu, qu'en nous donnant aujourd'hui son chef-d'œuvre, il ne nous donnât qu'un très beau pastiche ? Non, sans doute. Aux moments où M. de Banville suit de plus près Hugo, il produit cependant une impression toute différente. Et j'en vois des raisons de deux sortes, — les unes de fond et les autres de forme, pour user d'une antique division, naïve et commode.

III

D'abord, si Hugo et M. de Banville sont tous deux optimistes, l'optimisme est chez le second bien plus facile et naturel que chez le premier. Hugo a toujours été tourmenté par le problème du mal. Au fond, je crois bien qu'il savait que la vérité était triste ; mais il avait besoin de se le dissimuler ; et il a dépensé pendant soixante ans une énorme puissance de volonté à se faire illusion sur tout et sur lui-même, et à voir les choses autrement qu'elles n'étaient. Il faisait sortir de lui (au prix de quel travail et de quelle tension d'âme!) un nuage qui lui cachait le monde réel. Il se doutait de ce qui était derrière, et il en avait peur. Il a voulu entretenir son nuage jusqu'à la dernière heure ; il y est parvenu, et il est mort sans avoir vu le vrai en rien. Cela est beau. Aussi, la lutte et l'effort se sentent partout dans son œuvre, et c'est entre autres choses par cet effort et cette lutte qu'elle reste grande et humaine, en dépit des jeunes gens d'aujourd'hui qui n'y veulent voir que de la rhétorique. Car, si la réalité est stupide et cruelle, il est bien sans doute de la maudire ; mais ce peut être une protestation plus grande encore de la nier, et de se refuser à en tenir compte.

M. de Banville, lui, ne s'efforce point du tout à être optimiste. Le nuage merveilleux qu'il a autour de lui, et à travers lequel toutes choses se transfigurent, il n'a nul besoin de l'entretenir, et il voudrait l'écarter qu'il ne le pourrait pas. Il n'aperçoit rien que de noble et de beau. Toutes les plus belles choses de ce monde, l'aurore, le soleil, les roses, il s'en émerveille avec la candeur des hommes primitifs. Et les choses moins belles, il ne les voit point en elles-mêmes, mais, sous son regard enchanté, elles viennent se perdre et se fondre dans les choses belles souverainement qu'elles rappellent et dont elles ne sont qu'une forme inférieure. Pas de poésie qui contienne moins de nuances que la sienne, et qui donne une idée moins précise de l'infinie variété des phénomènes. Il a des simplifications hardies. Il ne peint le plus souvent, si j'ose dire, les objets que par leurs *aboutissants*. Pour lui, tous les blancs se ramènent à la neige ou au lis, tous les rouges à la pourpre et tous les bleus à l'azur. Veut-il décrire une femme endormie ?

> Érôs la vit ; il vit ces bras que tout adore,
> Et ces rougeurs de braise et ces clartés d'aurore (1).

Et cela ne ressemble plus guère à une femme ; et cela est divin.

Mais les choses ternes ou laides ? Il ne les voit point, ou bien il les voit éclatantes et merveilleuses aussi. Il est persuadé que la peinture de M. Puvis de Chavannes est *vermeille*.

> Les décors malins et vermeils
> Étaient de Puvis de Chavannes (2).

Et c'est le plus naturellement du monde qu'il s'écriera devant un mendiant :

> C'est le mendiant, fils de gueux, qui s'extasie
> De voir briller l'aurore en son riche appareil,
> Et qui sur ses haillons, comme un prince d'Asie,
> Porte superbement un habit de soleil (3).

Il vit, comme Hugo, dans un mensonge immense ; mais ce mensonge est involontaire et inétudié, et par là sa poésie produit une grande impression d'allégresse et de joie. Et c'est un oubli

---

(1) Les *Exilés*.
(2) *Rimes dorées*.
(3) Les *Exilés*.

profond de toutes les misères que nous donne le grand artiste, rien qu'en jetant sur sa toile

<small>Un grand triomphe heureux d'animaux et de fleurs... (1).</small>

Puis, le vers même de M. de Banville est, malgré les imitations, très différent de celui de Hugo. Il est ici plus dégagé qu'il ne fut jamais. Il admet çà et là l'hiatus; il se passe souvent tout-à-fait de la césure traditionnelle. Les romantiques voulaient, tout comme les classiques, qu'on s'arrêtât, en lisant leurs vers, au sixième pied; seulement, ils n'y arrêtaient pas le sens avec le rythme, et ils tiraient de là des effets. Nos décadents n'arrêtent, souvent, au sixième pied, ni le sens ni le rythme ; ils divisent leurs vers non plus en deux, mais en trois groupes de syllabes égaux ou inégaux. Des deux systèmes, quel est celui de Banville ? Je sais bien que, comme théoricien, il admet le vers trimètre; mais je crois qu'en pratique, là où il ne césure pas son vers d'une façon très simple et racinienne, il ne tient pas qu'on le césure du tout, ni qu'on en accentue aucun endroit en particulier. Pas de vers, en effet, qui retiennent et arrêtent moins que les siens. Ils ont je ne sais quoi de ra-

(1) *Le Forgeron*.

pide et de fluide. Les énumérations, par exemple, dans Hugo et Leconte de Lisle, nous accrochent à chaque mot, pèsent et appuient sur tous les détails. Celles de M. de Banville nous font comme glisser mollement d'un nom à l'autre. Lisez ces vers du *Forgeron* :

> On dirait que du flot caressant de la mer,
> A travers l'Arcadie heureuse et l'Achaïe,
> Et l'Etolie et la Phtiotide éblouie... (1).

ou ceux-ci encore :

> Il volait au dessus d'Andros, l'île aux doux vins
> Que Bacchus a foulée avec ses pieds divins;
> Au-dessus de Ténos que le zéphyr effleure,
> Et de cette Délos qui flotta jusqu'à l'heure
> Où tu l'attachas dans la mer, solidement,
> Avec de durs liens tissés de diamant;
> Il volait au-dessus de Paros, où s'agrège,
> Dans le mont Marpessa, le marbre au flanc de neige,
> Au-dessus de Naxos, dans les vents apaisés
> Où les rugissements se mêlent aux baisers,
> Et, comme un noir troupeau sur des cimes ardues,
> Les îles sous son vol s'enfuyaient éperdues..... (2).

Et dites s'il est possible à la fois d'imiter plus Hugo et de le rappeler moins.

La versification de M. de Banville est, comme sa

(1) Le *Forgeron.*
(2) *Id.*

vision du monde, « heureuse » et facile. Et elle contribue à entretenir et à redoubler l'impression de joie que donne sa poésie. Même quand ses personnages sont censés souffrir, ils le disent de façon si charmante, si souple et si aisée, qu'on n'est point autrement affligé de leur souffrance. N'a-t-on pas envie de sourire en écoutant cette plainte de Mercure ?

> Ne me refuse pas, car, si tu me refuses,
> Pleurer, silencieux, dans les ombres confuses,
> Tel est le sort cruel où je me réduirai..... (1).

La ductilité du rythme ne produit pas seule cette impression « heureuse » ; la limpidité de la langue et du tour y est aussi pour quelque chose. On n'a peut-être pas assez remarqué que très souvent (non toujours) M. de Banville écrit et construit ses phrases, en vers, absolument comme il ferait en prose. Il peut se passer de l'inversion et de toutes les licences (et c'est pourquoi il les a proscrites si durement) (2). Beaucoup de ses pages sont à la fois d'un très grand élan et d'un très grand « naturel ». Il chevauche Pégase, et le mène plus haut qu'aucun autre ; et pourtant son allure

(1) *Le Forgeron.*
(2) *Petit traité de poésie française.*

garde, Dieu sait comme ! quelque chose de *pedestris*. Je recommanderai, comme exemples de cette manière, qui est sans doute la meilleure du poète, la *Prophétie de Calchas*, du *Sang de la coupe* ; la *Penthésilée*, des *Exilés* ; — et tout le *Forgeron*. Vraiment, M. de Banville fait songer, par certains côtés, à un Ovide bien supérieur. Il a eu la précocité du poète latin (il publiait ses *Cariatides* à dix-huit ans). Il en a aussi la fécondité, la fluidité, la prolixité, mais non le lâché ni le prosaïque. Et n'est-ce pas là en définitive son originalité parmi les poètes, et ce qui l'égale aux plus grands, d'avoir fait des vers qui sont si faciles en restant si lyriques, et d'être, si l'on peut dire, à la fois un Ovide et un Pindare ?

IV

Ces grands noms que je viens d'écrire, je ne les retirerai pas. Qu'on ne m'objecte point ces merveilleuses *Odes Funambulesques*, et qu'on n'en prenne point texte pour réduire leur auteur au rang des clowns. Cette poésie-là aussi est bienfaisante et consolatrice à sa façon. Le Clitandre de l'*Amour médecin* mène à sa suite des musiciens et des baladins dont il se sert « pour pacifier avec leur harmonie et leurs danses les troubles de l'esprit. » M. de Banville a voulu employer le même procédé pour nous guérir. Nous lui avons été bien peu reconnaissants. Nous en avons profité pour affecter de ne le plus prendre au sérieux. Nous ne respectons que ceux qui nous ennuient.

Et qu'on ne me dise point non plus que, funambulesque ou olympienne, une poésie sans pensée n'est qu'un jeu puéril. Car je me sens envie de répondre : « Mais c'est la pensée, bien plutôt, qui est un jeu puéril, puisqu'elle ne mène à aucune certitude et qu'elle est finalement affligeante ! La pensée est une chose sotte et triste comme l'homme dont elle est le privilège ; le rythme est une chose noble et grande, et participe à la dignité des forces naturelles dans lesquelles il est répandu. Ces forces ne « pensent » pas à notre façon. Un bois qui murmure n'a aucune idée, et n'est pas plus puéril pour cela ; il y a dans son murmure quelque chose de divin. Il y a bien quelque chose de divin aussi dans le don de parler pour ne rien dire, au degré où le possèdent certains poètes. Dès qu'on ne reconnaît point dans une série de paroles le jeu des ressorts ordinaires du cerveau humain, il faut bien qu'elles viennent, non de l'homme, mais de quelque chose d'autre et de mystérieux. De là la vénération des Arabes pour les fous. Dans un fou, c'est l'inconnu qui parle ; dans certains poètes aussi. Seulement, les mots sans suite qu'ils prononcent sont chez les uns joyeux et chez les autres tristes. Les uns ont en eux un bon démon, comme M. de Banville, et les autres un mauvais, comme Verlaine ou Mallarmé. Il faut craindre les seconds, et honorer pieusement les premiers. » Mais je vais à l'excès ; et il serait aisé de me réfuter. J'aime mieux féliciter tout bonnement notre siècle, qu'on dit si vieux, d'avoir produit un poète aussi jeune que M. de Banville, et M. de Banville lui-même, de nous donner encore, au terme d'une longue carrière, une œuvre aussi jeune que le *Forgeron*.

III

M. SULLY-PRUDHOMME

Je crois bien que M. Sully-Prudhomme est l'âme la plus candide et la plus noble dont se puisse honorer la poésie de ce temps. Le malheur est qu'il n'ait qu'une âme. Avant lui, nous étions accoutumés à ce qu'un poète eût un corps, et même des yeux. M. Sully n'en a point. Il est de ceux pour qui, comme disent les Goncourt admirablement, « le monde extérieur n'existe pas. » Tout ce qu'il sait des roses, c'est qu'elles ont « la douceur du velours » (1). On dirait qu'il n'a que des impressions de tact, à la façon des aveugles. Il ne regarde qu'en dedans (2).

Quand l'œil du corps s'éteint, l'œil de l'esprit s'allume (2).

(1) Les *Chaînes* (Stances et Poèmes).
(2) Victor Hugo (*Contemplations*, livre I).

Il semble en effet que le regard intérieur de
M. Sully ait pénétré d'autant plus de choses que
son regard extérieur lui en révélait moins. Nulle
vision matérielle ne l'a distrait ; nulle imagination
ne l'a troublé, et il s'est trouvé plus apte que personne à suivre patiemment et à débrouiller les fils
du sentiment et de la réflexion. Pas une de ses
chansons qui n'ait été longuement « méditée »,
comme dit le mot latin. Pas une de ses petites
pièces qui ne soit pleine de choses. Sa poésie est
scrupuleuse entre toutes. Là, point de ces mots
ambitieux qui masquent ailleurs la faiblesse ou le
vague de la pensée. Tout part d'une âme sincère,
et tout vise à la perfection. Chez nul autre poète,
vous ne trouverez à la fois tant d'art, et si peu
d'artifice.

Mais en France, nous excluons volontiers de
l'art que nous pratiquons quiconque ne nous ressemble pas. Musset, comme on parlait de Laprade
à l'Académie, disait à l'oreille de Sainte-Beuve :
«Est-ce que vous trouvez que c'est un poète, cela?»
C'est que la poésie de Laprade différait grandement de la sienne. La poésie de M. Sully-Prudhomme, étant extrêmement intelligente, diffère
de celle de beaucoup de jeunes gens. Ces jeunes
gens vont jurant leurs grands dieux que l'auteur

des *Épreuves* n'est point un poète ; et je m'en afflige. Il ne faut rien tant dédaigner. On peut, certes, faire de beaux vers sans idées (et nul n'admire plus que moi, vous l'avez vu, l'œuvre ingénue et magnifique de M. de Banville). Mais on peut aussi avoir des idées, et faire des vers qui méritent qu'on s'y arrête. Virgile savait sa philosophie. Il avait étudié sous Siron. C'était une manière de Normalien. On l'appellerait « pion » par le temps qui court. Il a tout de même laissé des hexamètres passables.

Mais les jeunes lyriques protestent. « Les vers ne sont point faits pour dire quelque chose. C'est rabaisser la divine poésie que l'employer à un office. Elle se suffit à elle-même. » Et eux, sont-ils tant sûrs de ne rien dire ? Pour vide que semble leur poésie, elle a pourtant une matière et un fond. Chez tel, dont les vers ne paraissent d'abord qu'un bruit, vous trouverez, en y prenant garde, des sensualités perverses, des rêves de Néron ou d'Héliogabale. Ceux qui ont de tels rêves pourront bien s'intéresser à ces vers pour ce qu'ils disent, pour *autre chose* que les vers mêmes... Que les jeunes lyriques ne se flattent pas de cette illusion qu'ils ne disent rien ! Ils disent tout bonnement des choses moins nobles que M. Sully, ou moins intéres-

santes, ou intéressantes pour moins de gens. La
théorie de l'art pour l'art est inapplicable. Si elle
a été appliquée jamais, ce n'est que dans cette
strophe mémorable du vieux Hugo (qui fut, à ses
heures, le plus audacieux des Décadents) :

> Surlababi, mirlababo,
> Mirliton ribon ribette,
> Mirlababi, surlababo,
> Mirliton ribon ribo (1)

II

Les reproches des lyriques intransigeants n'ont
point ému M. Sully-Prudhomme, et, dans ces dernières années, sa poésie est devenue plus intellectuelle encore. Sa manière s'est d'ailleurs transformée notablement. Elle est devenue moins égale à
la fois et plus puissante.

Autrefois, c'étaient des nuances délicates de sentiment qu'il s'appliquait à fixer en de petites pièces
d'un travail curieux et souvent achevé. Tout était
chez lui ténu et menu. Il se féminisait un peu et
s'énervait; et il semblait s'y complaire. Il ne disait
point *aimer;* il disait *chérir* (le mot a quelque chose

(1) Les *Misérables*.

de plus intimement tendre, et comme d'ouaté et de caressant.) Il craignait le bruit. Il se parlait à demi-voix, comme on parle aux malades. Le souffle lui manquait. Il avait l'air résigné facilement à n'en point avoir. Il coupait son style en de petites phrases égales et brèves, comme s'il eût dû les mesurer à sa respiration ; et il y avait dans ces timidités je ne sais quel charme de lassitude et de maladie. Sûrement, il n'attachait point de prix à faire partie de cette « aristocratie des poumons » dont Volney parlait à propos de Mirabeau. Il semblait au contraire qu'il mît quelque coquetterie à bien montrer qu'il avait la voix faible ; et d'aucuns pensaient que d'être à la fois aveugle et poitrinaire, c'était tout de même trop pour un seul poète. Seulement, cette voix, si elle était faible, était si juste! Ces petites pièces étaient d'une grâce si savante, d'une forme si sûre et si pure !

.... Partout scintillent les couleurs,
Mais d'où vient cette force en elles?
Il existe un bleu dont je meurs,
Parce qu'il est dans les prunelles.

Tous les corps offrent des contours,
Mais d'où vient la forme qui touche?
Comment fais-tu les grands amours,
Petite ligne de la bouche?

Partout l'air vibre et rend des sons,
Mais d'où vient le délice intime
Que nous apportent ses frissons
Quand c'est une voix qui l'anime?

J'ai dans mon cœur, j'ai sous mon front,
Mon âme invisible et présente.
Ceux qui doutent la chercheront,
Je la répands pour qu'on la sente. (1)

Celui qui faisait de tels vers, on ne l'eût point justement appelé un grand poète, mais le plus délicieux des *poetæ minores*.

Les temps sont loin de ces petites pièces parfaites. Dans les dernières œuvres de M. Sully, vous ne trouverez rien qui les rappelle. La transformation date, je crois, des *Vaines Tendresses*. Le poète, tout d'abord, a des ambitions plus hautes. Il s'est persuadé qu'on pouvait confier au vers « outre tous les sentiments, presque toutes les idées, » et, au contraire de ce qu'il faisait jadis, il lui confie aujourd'hui plus d'idées que de sentiments. Les courtes pièces d'analyses intimes cèdent la place à de longs poèmes métaphysiques. Et la sûreté de main du poète l'abandonne dans ces tentatives. Où est-il,

Le délicat Sully qui fit les *Solitudes?* (1)

(1) *Stances et Poèmes*.
(1) Paul Bourget, la *Vie inquiète*.

Illisibilité partielle

Que de taches à présent ! que de naïvetés et de gaucheries, et (je le dis tout bas) de platitudes ! Le caractère particulier de M. Sully-Prudhomme (et son grand charme) a toujours été la candeur. Cette candeur fait maintenant tort à son style. Comme M. Sully ne songe jamais à se moquer, il n'a point non plus de crainte qu'on se moque. Il manque tout à fait du sens du ridicule. Cela est sympathique, mais chanceux. Il en arrive à écrire tout naturellement « les lions les plus gros » et à s'écrier :

> Oui, le suprême arbitre en peinture, c'est l'œil ! (1)

Je n'aurai point la cruauté de me mettre en quête d'autres exemples pour l'en accabler. Je me contente de ceux qui me viennent à l'esprit. Mais la *Justice* en fourmille, et aussi le *Prisme* et le *Bonheur*. M. Sully veut nous dire qu'il y a des moments où, tout de même, tandis qu'il découpe la viande en famille, il oublie son pythagorisme spéculatif, et ne se soucie plus des souffrances des espèces animales ; et il écrit gravement :

> Parfois je prends l'acier, j'en avive le fil,
> Et je tranche la chair en convive impassible (2).

(1) Le *Prisme*.
(2) La *Justice*.

Et Sully s'évanouit. Et il ne reste plus que Prudhomme.

Mais n'allez point sourire (ou vous affliger) trop tôt. Voici que dans ces vers inégaux, et de forme souvent initiale, des accents éclatent où nous n'étions point habitués. Je crois bien que M. Sully est maintenant, çà et là, un grand poète (le plus incomplet, si l'on veut, d'entre les grands). Sa voix s'est affermie et virilisée. Il a des éclats, des grandiloquences, des amertumes. Il laisse bien loin derrière lui les gentillesses de ses premiers recueils. Comme son âme est inquiète et troublée dans les admirables stances *Sur la Mort!* (2)

> .... Ah! doctrines sans nombre, où l'été de mon âge
> Au vent froid du discours s'est flétri sans mûrir,
> De mes veilles sans fruit réparez le dommage;
> Prouvez-moi que la morte ailleurs doit refleurir,
>
> Ou bien qu'anéantie, à l'abri de l'épreuve,
> Elle n'a plus jamais de calvaire à gravir,
> Ou que la même encor sous une forme neuve,
> Vers la plus haute étoile elle se sent ravir!
>
> Faites-moi croire enfin dans le Néant ou l'Être,
> Pour elle, et tous les morts que d'autres ont aimés;
> Ayez pitié de moi, car j'ai soif de connaître!
> Mais vous n'enseignez rien, verbes inanimés!

(2) Les *Vaines Tendresses*.

Ni vous, dogmes cruels, insensés que vous'êtes,
Qui du Juif magnanime avez couvert la voix ;
Ni toi, qui n'es qu'un bruit pour les cerveaux honnêtes,
Vaine philosophie où tout sombre à la fois ;

Toi non plus, qui sur Dieu résignée à te taire,
Changes la vision pour le tâtonnement,
Science qui partout te heurtant au mystère,
Et n'osant l'affronter, l'ajournes seulement.

Des mots ! des mots ! Pour l'un la vie est un prodige,
Pour l'autre un phénomène. Et que m'importe, à moi ?
Nécessaire ou créé, je réclame, vous dis-je,
Et vous les ignorez, ma cause et mon pourquoi...

— Puisque je n'ai pas pu, disciple de tant d'autres,
Apprendre ton vrai sort, ô morte que j'aimais,
Arrière les savants, les docteurs, les apôtres !
Je n'interroge plus, je subis désormais.

Quand la nature en nous mit ce qu'on nomme l'âme,
Elle a contre elle-même armé son propre enfant.
L'esprit qu'elle a fait juste au nom du droit le blâme ;
Le cœur qu'elle a fait haut la méprise en rêvant...

Sa loi qui par le meurtre a fait le choix des races,
Abominable excuse aux carnages que font
Des peuples malheureux les nations voraces,
De tout aveugle espoir m'a vidé l'âme à fond.

Je succombe épuisé, comme en pleine bataille,
Un soldat, par la veille et la marche affaibli,
Sans vaincre ni mourir d'une héroïque entaille,
Laisse en lui les clairons s'éteindre dans l'oubli.

> Pourtant sa cause est belle ; il est si doux d'y croire
> Qu'il cherche en sommeillant la vigueur qui l'a fui ;
> Mais trop las pour frapper, il lègue la victoire
> Aux fermes compagnons qu'il sent passer sur lui.
>
> Ah ! qui que vous soyez, qui m'avez donné l'être,
> Qu'on vous nomme Hasard, Force, Matière ou Dieux,
> Accomplissez en moi qui n'en suis pas le maître,
> Les destins sans refuge, aussi vains qu'odieux !
>
> Faites, faites de moi tout ce que bon vous semble,
> Ouvriers inconnus de l'infini malheur !
> Je viens de vous maudire, et voyez si je tremble :
> Prenez ou me laissez mon souffle et ma chaleur...
>
> Et si je dois fournir aux avides racines
> De quoi changer mon être en mille êtres divers,
> Dans l'éternel retour des fins aux origines,
> Je m'abandonne en proie aux lois de l'univers.

Quelle amère éloquence dans les strophes schopenhauériennes du *Vœu* ! (1) Et jusque dans ce poème du *Bonheur*, — si fâcheusement inégal, où vous trouverez de la physique et de la chimie versifiées d'étrange façon — la sublime prière que celle des chercheurs à la Vérité !

> Austère Vérité, du fond de tes abîmes
> Réponds au long appel de tes pâles victimes
> Qui t'implorent obstinément ;

(1) Les *Vaines tendresses.*

> Jalouse Vérité, laisse tomber ton voile.
> Dis-nous l'âge et le lieu de la plus vieille étoile
> Qui vit l'essor du mouvement.
>
> Révèle-nous au loin la première pensée,
> L'effort originel qui l'ont un jour lancée
> Dans l'infini désert et noir,
> La cause unique, Amour, Nécessité, Caprice,
> Toute-puissance aveugle ou Raison créatrice,
> Qu'il nous faut nommer sans la voir!
>
> Tout semble s'écouler : dis-nous ce qui demeure.
> La forme est l'apparence, et l'apparence un leurre;
> Le fond, tâté, s'évanouit;
> Et, sentant l'être en nous, si nous y cherchons l'âme,
> Notre intime regard vainement l'y réclame :
> En nous comme ailleurs il fait nuit.
>
> Donne enfin son salaire à la tâche si dure
> Qu'impose le mutisme ingrat de la nature
> A tes amants laborieux!
> Exauce enfin leur noble et fidèle prière!
> Mets à nu ta splendeur, fût-elle meurtrière,
> Dût-elle leur brûler les yeux!

L'entendez-vous monter de strophe en strophe, cette voix triste et fervente? Et comme tout cela est sérieux, sévère et grave! Comme il serait impossible d'y retrancher un mot! Quelle haute conscience cela respire, et quelle passion de savoir, et comme l'impression que l'on en reçoit est religieuse! Dans ces strophes émues et nues,

M. Sully-Prudhomme a mis toute son âme, « noble et fidèle » comme celle des chercheurs qu'il fait parler. Rappelez-vous maintenant les « songeurs effarés » de Hugo, et faites la différence. N'est-ce pas qu'auprès de la poésie de M. Sully, il y a des heures où celle de tous les autres poètes ne paraît qu'un jeu d'enfant?

IV

M. FRANÇOIS COPPÉE.

Y a-t-il quelqu'un qui ne goûte point du tout. M. Coppée? Je crois bien que tous ses lecteurs l'aiment, à des degrés différents seulement, et pour des raisons diverses...

Il conte en vers des histoires dramatiques dont les héros ont de beaux sentiments : et cela lui vaut l'affection des simples. — Tous ses poèmes ont « un commencement, un milieu et une fin » ; il construit et compose à ravir, il écrit une langue très saine, très pure et très claire (mérite qui n'est point banal, même chez les maîtres) : et cela lui concilie l'estime des esprits sages et des universitaires. — Il est le plus amusant et le plus roué des rimeurs ; sa phrase souple et fine, qui touche sans cesse à des choses triviales, sans devenir jamais triviale elle-même, serpente et se glisse, avec une surprenante aisance, à travers les sinuosités des coupes et des enjambements (quelles merveilles d'habileté technique que la *Marchande de journaux* ou l'*Enfant de la balle !*) (1) ; il a fait des ballades excellentes ; il eût fait les meilleurs poèmes à forme fixe du siècle s'il l'eût voulu : et cela lui attire la vénération des bons versificateurs et des parnassiens impénitents. — Enfin, ce poète de la vie familière a je ne sais quoi d'aristocratique et de patricien dans sa façon de sentir ; il est nerveux et délicat comme une femme : et cela lui assure l'amour des âmes affinées, tendres et maladives, comme est la sienne...

L'heureux homme ! Il a de quoi retenir à la fois les lecteurs de M. Mendès, ceux de M. Sully, ceux de M. Verlaine, d'autres encore. Il a pour lui tout le monde.

II

Je me trompe. Il y a tout de même des lyriques et des « symbolistes » qui s'exclament à son nom seul, et ne peuvent pas le souffrir. Son dernier recueil, surtout, les a exaspérés. De quel air ils

(1) *Contes et Récits en vers*.

infligeaient au poète de l'*Arrière-Saison* l'épithète de « bourgeois » ! (suprême injure, à leur gré).

Je dirai toute ma pensée. Peut-être bien qu'ils n'ont pas eu tort tout à fait, pour la première fois. Mais quand ils appelaient « bourgeois » le poète des *Humbles*, comme ils se trompaient ! Les artistes ont été bien injustes pour M. Coppée. Ils ont affecté de ne point saisir ce qu'il y a chez lui de moquerie et d' « humour ». C'eût été le moins, cependant, qu'ils lui en tinssent compte, car je sais çà et là des « bourgeois » impénitents qui sont tout disposés à le lui reprocher. Bourgeois, lui ? Tenez pour assuré qu'il ne le fut jamais. Toutes les choses triviales auxquelles il touche, comme il y touche délicatement, du bout des doigts, et en les retirant tout de suite ! Quels étonnements de mandarin, dans les curiosités qu'il a de la vie des humbles ! Souvent (et M. Jules Lemaître l'a très bien vu) (1) il a des ironies toutes proches de celles du vieux Flaubert :

> Aux mystères de l'art on put l'initier.
> Il avait ce qu'il faut pour un bon épicier ;
> Il était ponctuel, sobre, chaste, économe... (2).

(1) Les *Contemporains*, 1ʳᵉ série.
(2) Le *Petit Epicier* (Les *Humbles*).

Visiblement, son héros lui paraît un être bien étrange. « Monsieur est épicier ? Peut-on être épicier ? » Et quand l'épicier se dégoûte de la vie, le poète s'exclame.

Où de pareils dégoûts vont-ils donc se nicher ? (1).

Ses bourgeois le surprennent beaucoup.

Ils boivent du cassis, innocente liqueur ! (2).

Il a, en se penchant sur eux, les étonnements et l'extase ingénue de Micromégas entendant raisonner les nains terrestres. Il a toujours l'air d'un homme qui vient de s'apercevoir que les épiciers, les merciers et les petits rentiers sont, à peu de chose près, des êtres pareils à nous, et qui n'en revient pas, et que sa découverte amuse infiniment. Il garde avec ses « humbles » je ne sais quel ton d'ironique et d'indulgente supériorité où l'on sent qu'il se trouve bien bon de s'intéresser aux joies et aux douleurs de gens point initiés aux raffinements parnassiens, qui ne font pas de vers, et qui, s'ils en faisaient, les couperaient tout bonnement à la sixième syllabe. Non, tout cela n'est

(1) *Le Petit Epicier* (Les *Humbles*).
(2) *Petits Bourgeois* (Les *Humbles*)

point bourgeois. Ou cela n'est bourgeois qu'au mauvais sens : cela l'est, si, comme l'a dit M. Brunetière parlant de Flaubert, et comme j'incline à le croire, rien n'est plus bourgeois au monde que de montrer tant de fierté de ne l'être pas. Que les lyriques dédaigneux pardonnent à M. Coppée! Il est de leur famille. Comme il est loin de la simple et profonde cordialité des poètes anglais, et quel parallèle instructif on ferait, en rapprochant du *Petit Epicier* la *Grand-Mère* de Tennyson!...

Mais tout cela, qui était vrai naguère, l'est moins aujourd'hui. Oui, le poète de l'*Arrière-Saison* ne se « garde » presque plus, et ne songe plus à se moquer. Il a bien plus de franchise et de bonhomie que le poète des *Humbles*. Je l'avoue volontiers à ses ennemis. Toute la différence d'eux à moi est qu'ils l'en raillent et que je l'en félicite...

III

Me suis-je trompé sur chacun des maîtres dont je vous ai parlé? Est-il vrai, comme il m'a semblé, que les derniers poèmes de M. Leconte de Lisle sont d'un accent plus sincère et plus ému? Que la poésie de M. de Banville est devenue de plus en plus largement et aisément optimiste, et par là de plus en plus humaine? (car n'est-ce point une poésie humaine au meilleur sens que celle qui est bienfaisante pour les hommes?) Que M. Sully-Prudhomme lui-même, qui n'avait certes rien à gagner en sincérité, s'est montré ces temps-ci plus simple et plus fort, et, sinon plus humain, du moins plus viril? Et qu'enfin, le Coppée de l'*Arrière-Saison* tend à se dépouiller de ce qu'il y avait d'ironie étroite et stérile dans le Coppée des *Humbles* ? Si tout cela est vrai, l'enseignement s'en dégage seul. Les maîtres vont de plus en plus au simple et au vrai. Il faut les louer de cette évolution, et il faut souhaiter que les disciples les suivent.

LIVRE II

QUELQUES AINÉS

MM. ARSÈNE HOUSSAYE. — AURÉLIEN SCHOLL. — ALPHONSE DAUDET. — ALEXANDRE PIÉDAGNEL. — BLAZE DE BURY. — ÉDOUARD GRENIER. — CHARLES MONSELET. — AUGUSTE LACAUSSADE. — LOUIS MÉNARD. — JOSÉPHIN SOULARY ET JOSÉ-MARIA DE HÉRÉDIA.

Avant de vous entretenir des poètes qui appartiennent proprement à ce temps, je veux me débarrasser de quelques survivants des générations antérieures, à qui il serait mal de ne pas adresser au moins une parole de sympathie. Je les nommerai un peu au hasard.

I

Plusieurs procèdent de Musset. Nos pères imitaient volontiers le poète de *Rolla* ; et ils avaient bien tort. Ce qu'il a de vraiment supérieur n'est point imitable ; et le reste (« lâché » volontaire, dandysme de commis en nouveautés) n'est pas déjà si aimable chez le maître, et devient haïssable tout à fait chez les disciples. Mais certains ont tout de même dépensé dans cette imitation un talent dont je veux leur tenir compte.

M. Arsène Houssaye a écrit des poèmes qui se ressentent de la lecture de *Namouna*, et de celle aussi de l'*Albertus* de Gautier. Il a célébré nos campagnes, et l'ancienne Grèce. Mais ses paysans sont parés et atournés comme des bergers du Trianon ; et ses Grecs ont des grâces bien modernes. Quoi qu'il chante, on s'aperçoit tout de suite que sa muse est de Paris. Au reste, mes devanciers l'ont fort vanté. Sainte-Beuve l'appelle « le poète de la jeunesse et des roses ». Gautier ajoute que « dans ces roses la goutte de rosée est souvent une larme ». Banville l'exalte en prose et en vers. Saint-Victor,

Edouard Thierry, Philoxène Boyer, le portent aux nues. Il y aurait imprudence à le vouloir rabaisser après cela. Il y aurait injustice aussi. Vous trouverez des choses chez lui qui ne sont pas dédaignables, — ne fût-ce que ces *Cent vers dorés*, dont le mysticisme souriant a son charme et son originalité, et me fait songer un peu, de loin et je ne sais comment, à Gérard de Nerval.

L'imitation de Musset est plus directe chez M. Aurélien Scholl, qui n'a publié, en vers, qu'un court poème intitulé *Denise*. Denise est une toute jeune femme, séparée de son mari. Le poète en devient l'amant. Un beau jour il la quitte pour se rendre auprès de sa famille. Il ne semble pas qu'il lui écrive pendant cette absence, ni qu'elle lui écrive non plus. A son retour, il la trouve réconciliée avec le mari. Ce sont ses parents qui lui ont conseillé cette réconciliation, dans l'intérêt d'un enfant qu'elle a. La conclusion est bien étonnante :

> J'aurais compris plutôt le pâle infanticide...
> Je ne t'estime pas assez pour te tuer :
> Aux bras de ton mari va te prostituer!...

Je me hâte de dire que *Denise* n'est pas tout entière de ce ton, et qu'on y peut trouver des pages fort aimables.

C'est de Musset encore que procède l'auteur des *Amoureuses*, M. Alphonse Daudet, qui fut un aimable prosateur en vers avant de devenir çà et là un grand poète en prose. On ne connaît peut-être pas assez la *Nature impassible ;* mais on connaît au moins assez les *Prunes ;* et je n'insiste pas (1). — Je pense que M. Alexandre Piédagnel *(Avril* ; *En route)* peut se rattacher à Musset aussi, quand ce ne serait que par Mürger, qu'il a chanté. Sainte-Beuve goûtait fort un vers de lui, qui était, je crois, cet octosyllabe :

L'amour — éternel — oublié...

M. Henri Blaze de Bury, un des traducteurs du *Faust* et l'auteur des *Intermèdes et Poèmes* et de la *Légende de Versailles*, mêle l'imitation de Musset à celle des Allemands. M. Edouard Grenier la mêle à

(1) C'est, de même, par un recueil de poésies *(Des vers)* qu'a débuté, plus récemment, un autre romancier célèbre, M. Guy de Maupassant: « Ces vers... quoique la poésie y fût abondante et forte, étaient plutôt des vers de prosateur (un peu comme ceux d'Alfred de Musset). Cela se reconnaissait à divers signes, par exemple au peu d'attention qu'il accorde à la rime, au peu de soin qu'il prend de la mettre en valeur, et encore à cette marque, que la phrase se meut et se développe indépendamment du système de rimes ou de la strophe et continuellement la déborde... » (Jules Lemaître, Les *Contemporains*, 1re série). — Il y a aussi des vers de M. Barbey d'Aurevilly.

celle de tout le monde. Celui-là aussi a été fort célébré. Son *Juif-Errant* était pour Lamartine « la plus belle épopée moderne » et pour Gautier « une belle fresque sur fond d'or ». M. Jules Lemaître voit dans l'auteur « quelque chose comme un Lamartine sobre, un Musset décent, un Vigny optimiste » (1).

II

Je ne crois pas que l'influence de Musset (ni aucune autre) soit très sensible chez M. Charles Monselet, qui a eu bien de l'esprit en prose, et presque autant en vers. M. Monselet (je ne sais si on lui en a tenu compte assez) est à sa façon, et sans y trop prétendre, un artiste en style. On pourrait faire de ses nouvelles et de ses chroniques un choix qui serait charmant. J'oserai dire des meilleures que la phrase y est à la fois claire et vive comme celle des bons écrivains du siècle dernier, et rythmée aussi, comme celle des bons écrivains du nôtre. Dans telle de ces petites proses, où revient de vingt en vingt lignes une manière de motif ou de refrain, l'esprit

(1) Les *Contemporains*, Ire série.

n'exclut point une sorte de « poésie légère » (je ne saurais mieux dire) et de lyrisme discret. Ce lyrisme n'est pas non plus absent de ses vers. On connaît les sonnets de l'*Asperge* et du *Cochon*. Confesserai-je que je leur préfère des pièces moins citées? Pourquoi ses poésies ne sont-elles pas réunies, ou le sont-elles si incomplètement? On y trouverait d'excellentes fantaisies. J'ai toujours été touché de l'histoire de ce bon jeune homme qui s'enivre en cabinet particulier avec une Ecossaise de bal masqué. La demoiselle lui demande son âge :

> Que t'importe, reine des brunes ?
> Pourquoi me railler, farfadet ?
> J'ai vingt-deux ans, viennent les prunes,
> Les prunes d'Alphonse Daudet!...
>
> Buvons! A toi, fille d'Ecosse!
> Vierge rayée, à tes appas !
> Cesse de me trouver précoce,
> Héritière des Mac-Douglas!... (1).

J'aime surtout la *Chansonnette des rues et des bois*, parodie innocente, la meilleure peut-être qu'on ait faite de Hugo. C'est le vieux poète qui parle :

> . . . .
> Assez je fus formidable ;
> Je veux être séduisant.

(1) *Panier fleuri*.

Je veux errer sous les saules,
Et, penseur à l'abandon,
Tenir des propos très drôles
Aux laveuses de Meudon,

Pour qu'on dise à la montagne,
Pour qu'on dise aux prés itou,
Celui qui bat la campagne,
C'est Olympio-Pitou...

Sous la tonnelle parée
De rayons et de parfums,
J'accommode une purée
De noms propres et communs.

Et ma muse, qui s'essaye
A l'école du buisson,
Exproprie Arsène Houssaye
De ses nappes de cresson.

A moi le thym et le hêtre !
A moi la cime et le val !
Dieu, c'est un garde-champêtre,
Agent du maire Idéal !

Pour casque il a la feuillée,
Pour sabre nu le soleil,
Et sa plaque fut taillée
En plein firmament vermeil.

Soyons bon, quoique sublime,
Familier et tolérant.
Babillons avec l'abîme;
Disons: « Mon vieux ! » au torrent !

> Confondons l'aire et la mare,
> Et mêlons, douce leçon,
> La Genèse au Tintamarre,
> Homéros à Commerson...
>
> Ça me change, moi le mage
> Et le prophète effaré,
> De voir Colinette en nage
> M'apostropher dans un pré,
>
> Et, flamboyante carogne,
> Fourche en main, crier : « Oui-dà !
> Ça va cesser, ou je cogne !
> A-t-on vu cet enflé-là ? »...

Le « prophète » continue ainsi longtemps ; mais, quelque effort qu'il fasse pour se montrer différent de lui-même, il multiplie comme de coutume les antithèses ; et il finit par s'en apercevoir :

> Soyons simples. Adieu, fête !
> Me voici, flûte. Adieu, cor !
> Je suis brise. Adieu, tempête !
> Je suis... Allons, bon, encor !
>
> O l'antithèse tenace !
> Le procédé forcené !
> O trope, à ta double face
> Que je suis acoquiné !
>
> Je suis le doigt, toi l'écorce.
> Je suis poisson, toi filet.
> Qui vaut mieux, du tour de force
> Ou du tour de gobelet ?

>   Vous aimez Blois, moi Dunkerque :
>   Votre goût dit foin au mien.
>   Parmentier vaut Albuquerque !
>   Sapristi vaut Nom d'un chien !
>
>   La canne sied au podagre,
>   Le zéphyr sied au roseau.
>   Tout critique est un onagre !
>   Tout poète est un oiseau !
>
>   Ainsi babille ma muse :
>   Tout est de se mettre en train.
>   Je peux, si ça vous amuse,
>   Aller jusques à demain.
>
>   Myosotis et pivoine !
>   Spartacus et Trou-Bonbon !
>   Saint Vincent et Papavoine !
>   Aurore et brume ! Ah ! c'est bon !...

N'est-ce pas que, le genre donné, cela est unique d'aisance et de verve, et admirable par endroits? et qu'il serait dommage que tant d'esprit fût tout à fait perdu?

Et le genre même, les gens sérieux auraient tort de le dédaigner comme frivole. Il n'y a point de genre frivole. Comme le parodiste ici a bien vu que les *Chansons des rues et des bois* ne sont qu'une gageure de rhéteur, et comme il le fait sentir excellemment ! En vérité, des parodies comme celle-là contiennent plus de sens critique que tels articles graves, où l'on a voulu découvrir je ne sais quelle crise de sensualité sénile dans le livre le plus concerté, le plus laborieux et le plus froid qu'ait jamais écrit Hugo...

III

M. Auguste Lacaussade est né à la Réunion, à peu près en même temps que M. Leconte de Lisle. Il a commencé, à peu près en même temps que M. Leconte de Lisle, à chanter la nature de son pays. Il a fait un *Midi* qui n'est pas négligeable ; mais celui de M. Leconte de Lislé valait mieux ; et il est devenu classique. Il a dit le mal du siècle, et la douleur de vivre, en de grands vers amples et flottants qui rappellent assez ceux de la première manière, toute lamartinienne, de M. Leconte de Lisle. Ils ne sont pas loin, ces vers, de la *Fontaine aux Lianes*. Mais c'était la *Fontaine aux Lianes* qu'il fallait faire ; et c'est M. Leconte de Lisle qu'on a écouté. De dépit, M. Lacaussade s'est rejeté vers la Grèce. Il a traduit Anacréon. Mais déjà M. Leconte de Lisle avait fait les *Poèmes antiques* ; et ses pastiches étaient bien supérieurs.

Saint-Simon disait que dans la querelle du quiétisme le livre de M. de Meaux avait « dévoré » celui de M. de Cambrai. Les vers de M. Leconte de Lisle ont dévoré ceux de M. Lacaussade. C'est surtout pour ce rimeur infortuné que le poète barbare a été barbare. Il serait une figure littéraire tout à fait intéressante, si M. Leconte de Lisle n'existait pas.

M. Louis Ménard, confiné depuis longtemps dans la prose, fut jadis en poésie l'un des lieutenants de Leconte de Lisle, — du Leconte de Lisle de *Baghâvat* et d'*Hypatie*, des poèmes indiens et de la réaction néo-hellénique. On ne lit plus ses vers (les a-t-on lus jamais?) Ce n'est pas qu'ils n'aient leur mérite. Il y a je ne sais quoi de romain et de cornélien dans son *Crémutius Cordus* :

> Le présent est plein d'odieuses choses;
> L'avenir est morne et désespéré.
> Si l'on peut choisir ses métempsychoses,
> Ce n'est pas ici que je renaîtrai...

Et je veux citer de lui une chanson tout à fait inconnue, qui me paraît charmante. Le poète l'appelle « L'*Açoka* ». Je note en passant que le rythme est de son invention ; et que l'on n'eût point cru que le mélange de l'alexandrin et du décasyllabe à hémistiches égaux dût produire un si heureux effet :

> L'açoka grandit dans la forêt sombre :
> Caressez l'açoka, fraîches brises du soir !
> Les fleurs de l'açoka naîtront, quand sous son ombre
> La vierge viendra rêver et s'asseoir.
>
> Mais en vain la brise et le soleil rose
> Voudraient sous leurs baisers les faire épanouir.
> Si jamais nulle vierge, hélas ! ne s'y repose,
> L'açoka se penche et meurt sans fleurir.
>
> La fleur des chansons germe dans mon âme.
> Pour ouvrir son calice à la clarté du jour,
> Il lui faut un rayon de votre ardente flamme,
> Vierges aux doux yeux, un regard d'amour !
>
> Mais déjà s'enfuit la jeunesse blonde,
> Sans qu'un des jours passés mérite un souvenir.
> L'amour n'est pas venu : mon cœur, plante inféconde,
> Comme l'açoka mourra sans fleurir.

IV

La destinée de M. Joséphin Soulary est quelque chose de triste à la fois et de bouffon. Il a fait beaucoup de jolis sonnets, un peu maniérés, pauvres de fond, d'une langue inégale, ét, çà et là, vulgaire. Sainte-Beuve eut un beau jour l'idée de le sacrer sonnettiste impeccable ; et il a vécu là-dessus longtemps. Il suffisait qu'un sonnet fût de M. Soulary pour qu'on le jugeât sans défaut. Mais voici que M. Soulary survit à sa gloire (sans compter qu'il se survit à lui-même aussi). M. Jules Lemaître l'a « déboulonné ». (1) Il a découvert que cet homme de Lyon était peccable comme nous tous ; et il l'a montré cruellement. Il s'est attaqué aux *Deux cortèges*, et il n'en a pas laissé vers sur vers. Et M. Soulary pleure son auréole perdue. La critique la lui avait donnée ; la critique la lui a ôtée. Il y aurait excès à lui demander de bénir son nom.

> Du reste, comme il faut des héros pour la guerre,
> Le roi, cassant le Cid, a trouvé bon d'en faire...

Aux lieu et place de M. Soulary, M. Jules Lemaître a édifié un autre sonnettiste, M. José Maria de Hérédia (que les lettrés appréciaient depuis longtemps). M. de Hérédia fait laborieusement des sonnets laborieux. Il en a fait une cinquantaine en vingt-cinq ans. On s'est aisément persuadé que ce qui lui coûtait tant de peine devait être de grand

(1) Les *Contemporains*, 1re série.

prix ; et je ne dis pas qu'on ait eu tort. Toujours est-il que les gazetiers prennent aujourd'hui des airs d'admiration tout à fait entendus quand ils citent un sonnet de M. de Hérédia. Il n'y a que des arriérés pour en être encore à ceux de M. Soulary.

Si M. de Hérédia est infaillible, je ne sais. Aux derniers vers d'un de ses sonnets, (qui me paraît d'ailleurs ressembler de près à ceux de M. Soulary), il vante l'amour du paysan pour

> . . . . le lit massif et vénérable
> Où tous les siens sont nés *aussi bien qu'*ils sont morts

Voilà une étrange chute. Mais le poète est d'ordinaire mieux inspiré. Le sonnet des *Conquérants* est entre les plus beaux que nous ayons. Je le citerai, encore qu'il soit très célèbre.

> Comme un vol de gerfauts hors du charnier natal,
> Fatigués de porter leurs misères hautaines,
> De Palos de Moguer, routiers et capitaines
> Partaient, ivres d'un rêve héroïque et brutal.
>
> Ils allaient conquérir le fabuleux métal
> Que Cipango mûrit dans ses mines lointaines
> Et les vents alizés inclinaient leurs antennes
> Aux bords mystérieux du monde occidental.

> Chaque soir espérant des lendemains épiques,
> L'azur phosphorescent de la mer des Tropiques
> Enchantait leur sommeil d'un mirage doré ;
>
> Ou, penchés à l'avant des blanches caravelles,
> Ils regardaient monter dans un ciel ignoré
> Du fond de l'Océan des étoiles nouvelles.

Je ne crois pas que M. de Hérédia ait écrit ailleurs de plus beau sonnet, ni même d'aussi beau. Mais il en a sûrement écrit de plus retentissants encore. J'oserai dire que les vers du *Samouraï*, du *Vieil orfèvre*, du *Récif de Corail* sont plus continûment sonores que ceux même de M. Leconte de Lisle. Seulement, il serait aventureux d'y chercher autre chose que des sonorités et des contours d'objets. C'est ici une poésie absolument rythmique et décorative. M. de Hérédia veut décrire un général romain survenant dans une mêlée :

> C'est alors qu'apparut tout hérissé de flèches,
> Rouge du flux vermeil de ses blessures fraîches,
> Sous la pourpre flottante et l'airain rutilant,
>
> Au fracas des buccins qui sonnaient leur fanfare,
> Superbe, maîtrisant son cheval qui s'effare,
> Sur le ciel enflammé l'Imperator sanglant.

Et je ne nierai pas que les vers ne soient magnifiques. Qui ne voit pourtant qu'il n'y a rien ici de cette ivresse du sang, de cette joie farouche de la mêlée, qu'y auraient su mettre Hugo, Leconte de Lisle ou Banville? Le poète fait à dessein sa poésie si superficielle, il se réduit si obstinément à des notations d'attitude et de costume, qu'en vérité ce n'est plus à l'arrivée d'un général que je crois assister, mais à l'entrée, sur un cheval dressé, au milieu d'un feu de bengale, d'un écuyer de cirque, jouant le rôle de l'Imperator à la fin d'une pantomime...

Je n'entends point rabaisser M. de Hérédia, dont je goûte fort la conscience et le talent; et j'y tâcherais au reste, que je ne lui nuirais guère. Nous nous sommes accoutumés à avoir un grand sonnettiste. Nous en aurons toujours un. Il y a dès maintenant dans le cerveau des Français une case réservée à cela. D'être sonnettiste impeccable, c'est parmi nous quelque chose de semblable à ce qu'est l'office de poète lauréat en Angleterre. Bien des choses changeront d'ici à l'an deux mille; mais il y aura quelque part en l'an deux mille, dans les provinces ou à Paris (à Paris plutôt), un sonnettiste impeccable; et ce sera ainsi jusqu'aux jours lointains où les hommes se seront lassés de faire des sonnets. Puisque l'emploi existe, et qu'on en a pourvu M. de Hérédia, qu'il le garde!

Il en est digne autant qu'un autre, et plus. Mais M. Soulary avait-il précisément démérité? et pourquoi ne l'avoir pas maintenu en fonctions jusqu'à sa mort? (1)

(1) J'aurais dû parler dans ce chapitre de M. Auguste Vacquerie, un aîné qui est aussi un maître, si M. Vacquerie n'appartenait pas plutôt à la poésie dramatique. On connaît, au reste, trop peu ses vers de jeunesse. Il les a réunis récemment en un seul volume. (*Mes premières années de Paris.*) — Pour n'oublier rien qui ait quelque intérêt, je signalerai encore les vers lyriques de M. Emile Augier (les *Pariétaires*), et de M. Henri de Bornier; les deux volumes de M. Maxime Du Camp (*Chants Modernes; Convictions*); les *Rimes* de M. Dionys Ordinaire; les inoffensives poésies de M. Ratisbonne (La *Comédie Enfantine; Figures jeunes*); enfin, les *Chants de Colère* et la *Chanson d'Amour* de M. Félix Frank.

LIVRE III

POÈTES DIVERS

Il me faut pénétrer maintenant parmi la dolente et innombrable foule des poètes mes contemporains. Il me faut accomplir le voyage triste, et saluer d'un mot chacun de ces fantômes qui errent vaguement « dans des lieux de nuit qui se taisent au loin, » et qu'une malédiction empêche à tout jamais de connaître le grand jour de la réclame et le soleil des deuxièmes éditions.

Elles ont toutes, ces ombres, ceci de commun que le public ne se soucie point d'elles, et ceci encore qu'elles ne paraissent guère se soucier du public. Ouvrez un volume de vers de 1820 ou 1830. Vous constaterez que l'auteur y touche, en somme, à toutes les questions qui émouvaient ses contemporains. Ouvrez un recueil d'aujourd'hui. Vous n'y trouverez guère de poèmes qui aient un intérêt collectif, si je puis dire, et social. Les pièces sont ou bien de thème tout à fait spécial et individuel, ou bien d'objet tout à fait impersonnel et abstrait (rêveries sur l'origine, et l'essence, et la fin des choses, etc.) Et notez qu'ici l'extrême impersonnalité revient à l'extrême personnalité, parce que chacun sur les questions métaphysiques se fait son rêve à lui, comme il l'entend, et s'y peut livrer, en toute indifférence pour ses frères les hommes, et sans sortir de son moi. — C'était en 1820 une chose toute naturelle que d'écrire une ode sur l'attentat de Louvel. Proposez à un poète aujourd'hui d'en écrire une sur l'attentat d'Aubertin, et vous l'étonnerez sûrement beaucoup. Même d'aussi prodigieux événements, que la guerre et la Commune n'ont pas réussi à faire sortir nos poètes de leur rêve, et à déterminer parmi eux un courant nouveau. Si maintenant leur indifférence aux matières publiques vient de ce qu'ils savent l'indifférence du public pour eux, ou si, au contraire, le public s'abstient de les écouter parce qu'il connaît leur indifférence pour lui, je ne sais. Le mieux est sans doute d'admettre que les deux sont vrais à la fois, et qu'ici, comme disait Vaucorbeil à Pécuchet, « la cause et l'effet s'embrouillent. »

Et nos poètes ont encore un autre trait commun, c'est qu'ils sont, à parler généralement, des spécialistes. Du temps de Hugo, il n'y avait guère de spécialités en poésie. Les poètes, grands ou petits, se croyaient tenus d'exprimer tous les rêves et toutes les pensées des hommes. M. Leconte de Lisle, plus voisin de nous, n'est-il pas encore à la fois, comme nous disions, le plus assourdissant des rimeurs, le plus éblouissant des peintres du monde physique, et l'un des plus éloquents entre les apôtres du pessimisme et de la désespérance?

Il n'en va pas de même aujourd'hui. Nos poètes se classent aisément. Les philosophes ne décrivent guère. Les descripteurs ne philosophent pas. Nous avons des modernistes qui peignent la vie moderne, et nulle autre chose. Nous avons des rustiques que rien au monde ne ferait sortir de la campagne, et de leur campagne. Et nos virtuoses aussi sont bien plus que leurs maîtres confinés dans la virtuosité pure. Nos pères jugeaient Gautier tout à fait dépourvu de pensée, de sentiments et de notions abstraites; et les vers de Banville n'étaient pour eux qu'un joli verbiage, sans ombre de sens. Mais il y a, je vous jure, des lyriques à présent qui raillent Gautier d'avoir passé sa vie à versifier des idées, et qui en veulent à M. de Banville d'avoir développé souvent des lieux communs avec magnificence. Eux, ne développent rien. Ils s'enivrent tout simplement de la joie des sons, et de la gloire des couleurs... — Ainsi, chacun se montre jaloux de cultiver uniquement le don qu'il a reçu ; et ce que l'œuvre perd en étendue, il se peut qu'elle le gagne en vérité et en sincérité. J'oserais dire qu'il y a, tout compte fait, moins d'alliage et de convenu dans l'œuvre de nos poètes d'à présent que dans celle de leurs prédécesseurs. Ils sont faits pour être aimés de moins de gens ; mais quand on les aime, on les aime, je crois, plus chèrement et mieux.

Et le public même, à qui on ne peut demander de faire connaissance un à un avec des poètes dont chacun vit retranché dans un très petit nombre de sentiments et d'idées, les goûterait si on les lui présentait par extraits et fragments. Peut-être que l'âge des grands poètes est passé pour notre littérature, et qu'elle en est présentement à celui des poètes d'anthologie, qui ne sont pas dédaignables. On publie en ce moment les œuvres complètes de Léon Valade. Et qui donc espère-t-on qui les lise ? Mais qu'il y ait un recueil où se trouvent les quinze pages de Valade qui sont vraiment exquises et parfaites, et le public lira ce recueil. Quelque chose d'analogue à l'*Anthologia Palatina* serait tout à fait bienvenu parmi nous. Qu'on laisse de côté les vers des grands poètes (qui seront toujours lus à part) ; qu'on réunisse les pièces achevées de nos *poetæ minores* (on en trouvera plus qu'on ne pense) ; et, pour peu qu'il soit fait intelligemment, le livre qu'on obtiendra sera tout à l'honneur de la poésie française. — Ce livre, je serais heureux si les pages qui suivent en faisaient seulement deviner l'intérêt et sentir le besoin.

I

LES RUSTIQUES

MM. ANDRÉ THEURIET. — EUGÈNE LE MOUEL. — CHARLES LE GOFFIC. — PAUL HAREL. — ARISTIDE ET CHARLES FRÉMINE. — ACHILLE MILLIEN. — JULES BRETON. — JEAN AICARD. — GABRIEL MARC. — ERNEST PRAROND. — GABRIEL VICAIRE. — FRANÇOIS FABIÉ. — CAMILLE DELTHIL. — ANDRÉ LEMOYNE.

Le « maître de chœur » entre nos poètes rustiques, c'est sans contredit M. André Theuriet. Et il me serait un exemple excellent, si je voulais essayer de montrer en quoi le sentiment qu'ont de la nature les poètes nouveaux diffère de celui qu'en eurent leurs pères. Les poètes de 1830 aimaient, certes, la nature, et ils la décrivaient à chaque page. Mais ils ne pouvaient se tenir de quitter la description à tout moment pour se mettre à philosopher. Lamartine s'élevait du spectacle de la création à l'idée du créateur. Hugo s'épandait en de vagues dissertations panthéistiques. Et puis il voyait les choses bien étrangement. Son univers était machiné comme un drame romantique. Goûtez ce paysage nocturne :

> Les rochers, ces rudes Hercules,
> Combattent dans les crépuscules,
> L'ouragan, sinistre inconnu..... (1)

Il est visible que cet ouragan-là porte manteau couleur muraille, et qu'il est le frère des Didiers et des Antonys.

M. André Theuriet n'a point de ces préoccupations ni de ces écarts. C'est moins la « nature » qu'il aime, que la campagne ; et il l'aime en elle-même et pour elle-même. Cet amour emplit ses vers, et suffit à les rendre délicieux. Tout le monde, même M. Emile Zola, a essayé de dire le charme de cette poésie toute lumineuse et saine qui « sent bon » comme les fleurs des champs, et qui réchauffe comme le divin soleil. La chose est aujourd'hui connue de tous. Dans notre littérature compliquée,

(1) *Contemplations*, Livre VI.

M. Theuriet, presque seul, est un simple en même temps qu'un délicat. Nous sommes des Alexandrins, et il est notre Théocrite.

Je voudrais vous citer de ses vers, et j'y éprouve quelque embarras. Ils se ressemblent tous; et n'est-ce pas le meilleur éloge que j'en puisse faire? Le printemps aussi est toujours le même, et il est toujours le bienvenu. — En voici pourtant sur l'automne, qui sont d'un charme un peu plus mélancolique que les autres :

>   Les bois sentent l'automne, et le sommeil profond
>   Des grands chênes, baignés d'une lumière douce,
>   Est à peine troublé par le bruit sourd que font
>   Les glands mûrs tombant sur la mousse.
>
>   Mets ton front près du mien, pose ton corps lassé
>   Sur mon bras amoureux qui l'étreint comme un lierre,
>   Et restons dans cette ombre où septembre a dressé
>   Pour nous ses tapis de bruyère.
>
>   Demeurons-y blottis ensemble, ô chère enfant,
>   Comme au fond de leur nid obscur deux hirondelles,
>   Ou dans la coque verte et blanche qui se fend
>   Deux brunes châtaignes jumelles.
>
>   Les yeux mi-clos, les mains dans les mains, sous les bois,
>   Savourons le lait pur des voluptés sereines,
>   Tandis qu'un vent léger nous apporte les voix
>   Berceuses des cloches lointaines...

Je ne sais quoi de chaste et de plus amical
Pénètre en nous avec ces notes argentines :
Leur musique nous rend le charme virginal
    Des blondes saisons enfantines ;

Des saisons d'autrefois, sous le toit familier
Où grimpent des jasmins et des aristoloches,
Quand on est réveillé dans son lit d'écolier
    Par les voix sonores des cloches.

Vers ce passé brumeux je me crois revenu...
En écoutant vibrer ces voix aériennes,
Je crois depuis l'enfance avoir toujours tenu
    Tes petites mains dans les miennes.

Il me semble qu'alors, écoliers nonchalants,
Couchés comme aujourd'hui sur les mousses fleuries,
Nous suivons à travers les grands nuages blancs
    Le vol des claires sonneries ;

Ou bien nous cheminons ensemble aux Fêtes-Dieu,
Par les sentiers jonchés d'herbes que le pied froisse,
Tandis que tout là-haut bourdonnent dans l'air bleu
    Les carillons de la paroisse.

L'amour adolescent, frais comme un reposoir,
Vague comme un parfum d'encens qui s'évapore,
Doux comme les soupirs de l'Angelus du soir,
    L'amour en nos cœurs vient d'éclore...

O mirage produit par ce pur timbre d'or!
Charme du rythme lent, berceur et monotone!
C'est ce magique amour qui nous enchaîne encor
    Dans les bois qu'embaume l'automne...

Ah ! qu'il plane longtemps sur nous, le jeune dieu !
Qu'il nous suive partout, au soleil ou dans l'ombre,
L'été parmi les bois, l'hiver au coin du feu,
   Partout, durant des jours sans nombre !

Qu'il joigne encor nos mains et rapproche nos fronts,
Quand au fond du tombeau, comme sur ces bruyères,
Côte à côte étendus, nous nous endormirons
   Au chant des cloches mortuaires ;

Et puissent dans le ciel nos âmes voyager,
Comme les sons jumeaux de ces cloches paisibles,
Qui s'en vont deux à deux avec le vent léger
   Vers les étoiles invisibles (1).

 N'allez pas croire au moins que le sentiment de la fin soit chrétien, ou même spiritualiste, et que le poète attache à ce mot d'âme un sens bien déterminé. L'image païenne qui est tout de suite avant (*Ah ! qu'il plane longtemps sur nous, le jeune dieu !*) doit vous avertir et vous tenir en garde. M. André Theuriet a l'esprit le moins mystique que je connaisse. A part un regret sentimental de la foi perdue (Le *Pardon de Kerlaz*) (1), je ne saisis la trace chez lui d'aucune préoccupation de l'au-delà. Les « angoisses du doute » ont l'air de lui

 (1) *Le Bleu et le Noir.* C'est le plus charmant, peut-être, des recueils de M. Theuriet. Il avait donné auparavant le *Chemin des bois*. Il a donné depuis le *Livre de la Payse.*
 (1) *Le Bleu et le Noir.*

être bien étrangères. Les seuls dieux qu'il adore sont l'Amour et le Printemps. Il n'a souci que des meilleures entre les choses terrestres : les bois « salubres », comme dit Horace, et le plaisir sensuel, tel que le peut désirer un esprit harmonieux et sain. Il a une âme de jeune païen candide et bien né, l'âme ingénue et divine des Daphnis et des Léandre. Pourquoi M. Zola l'a-t-il appelé idéaliste? Il n'est que le plus délicat des sensualistes. Il n'a jamais surfait l'homme ni la vie. L'amour, chez lui, a toujours pour cause et pour fin la volupté. Le doux et charmant égoïsme des amoureux ne lui a point échappé. Ses sens sont de leur parti ; sa raison ne fait aucune objection à la théorie pessimiste de l'amour (*Madame Heurteloup*). Avec un autre tempérament, il eût pu écrire des livres tout aussi désenchantés que vous ou moi. J'aime mieux, pour ma part, que son œuvre soit ce qu'elle est, que l'ivresse de vivre l'ait empêché de sonder trop ces choses tristes qu'il ne se dissimule point tout à fait, l'égoïsme de l'homme et la méchanceté de la nature. L'illusion est une réalité aussi. Elle est peut-être la seule. « Que n'importe qui soit loué », comme dit Asmodée dans Hugo, de ce que M. André Theuriet s'est trouvé trop poète pour être un sage !

II.

M. André Theuriet est Lorrain,

(O mes clochers Lorrains, j'entends vos sonneries !) (1)

mais il ne se confine pas dans sa Lorraine. Il aime tous nos pays de France et les a délicieusement chantés, les bords de la Loire, par exemple (2), et la Bretagne (3). D'autres poètes rustiques se cantonnent dans leur province, et ne chantent qu'elle.

M. Eugène le Moüel est le plus en vue parmi les poètes de la jeune Bretagne. De ses deux recueils (*Feuilles au Vent*; *Bonnes gens de Bretagne*) le second est le meilleur de beaucoup ; et les progrès qu'il a à faire encore, on peut compter qu'il les fera (4). — M. Charles Le Goffic est ignoré du public, ou à peu près ; mais le petit groupe celtique connaît de lui de bien charmantes chansons bretonnes, et surtout sa *Marguerite de Kéronar*.

(1) *Le Bleu et le Noir*.
(2) La *Loire à Langeais*, etc. (Le Chemin des bois.)
(3) *Le Bleu et le Noir*.
(4) Il y a des vers bien gracieux, épars malheureusement, d'un autre poète breton, M. Armand Dayot. — Je veux citer encore *Clairons et Biniou*, poésies bretonnes et patriotiques, par M. Léon Durocher. — Mon incompétence, et le cadre même de ces études, m'empêchent de parler des vers celtiques de M. Luzel et de M. Quellien.

> Une chanson vient d'être écrite
> En dialecte léonard,
> Une chanson sur Marguerite
> De Kéronar.
>
> C'était la plus riche héritière
> Qu'on connût chez nos paysans :
> On l'a menée au cimetière
> A vingt-deux ans...

Au reste, M. Le Goffic a publié peu de chose, et je crois qu'il n'a pas beaucoup écrit. Je voudrais qu'il ne laissât point dégénérer en manie son besoin de perfection, et qu'il nous donnât bientôt le beau recueil qu'il peut nous donner.

C'est la Normandie que « chante » M. Paul Harel, l'aubergiste poète, dont l'Académie a récemment couronné les vers. (*Aux Champs.*) Deux autres poètes normands, MM. Aristide et Charles Frémine, appartiennent au Cotentin. M. Aristide Frémine a donné une *Légende de Normandie*. M. Charles Frémine, le plus connu des deux, a dans ses recueils (*Floréal; Vieux airs et jeunes chansons*) consacré çà et là d'excellents vers à son pays. (1)

(1) Je citerai encore, parmi les poètes normands, — M. Gustave Le Vavasseur et M. Charles Canivet (Croquis et Paysages; Le Long de la côte) qui appartient au cotentin, comme les deux Frémine.

M. Achille Millien a célébré la Bourgogne ; et M. Jules Breton, dont les vers valent moins que ses tableaux, a célébré l'Artois (dans son poème de *Jeanne*). M. Jean Aicard a donné des *Poèmes de Provence*, et M. Gabriel Marc des *Poèmes d'Auvergne*. C'est à ce dernier que M. de Banville a adressé le sonnet

La rime est tout, mon cher cousin Gabriel Marc.... (1)

Il se montre docile aux enseignements du maître.

Je placerai ici M. Prarond, parce qu'il a consacré tout un livre aux *Pyrénées*, et qu'aussi bien je ne sais point où le placer. Le cas de ce vieillard est singulier. Il a débuté, sous Louis-Philippe, par des fables innocentes. Il s'est transformé peu à peu. Il imite à présent la dernière manière de Hugo de façon bien laborieuse et bien étrange. A force de pousser dans cette direction, il a fini par devenir une manière de « décadent » avant la « décadence ».

Bienheureux sont ceux-là dont la candeur élide
La souffrance des trop cruels discernements,
L'égoïsme à l'amour, à la peau l'éphélide,
Les calculs vus fourchant sous l'Y grec des serments.... (2

(1) *Rimes dorées*.
(2) *Du Louvre au Panthéon*.

Voilà de quel style use communément M. Prarond. Vous ne vous étonnerez point, après cela, que ses descriptions de la nature soient tourmentées et bizarres.

III

Je m'arrêterai un peu sur M. Vicaire, M. Fabié, M. Delthil.

M. Vicaire est le poète de la Bresse ; et ses *Émaux Bressans* sont d'une poésie tout à fait alerte, saine et franche. Aimez-vous la vie de petite ville et de cabaret, les paysans narquois et rustauds, les « vogues » où l'on ramasse le maire et l'adjoint sous les tables, les jeux de quilles, le boudin grillé? C'est ce que chante M. Vicaire ; et le boudin grillé surtout le séduit et l'inspire. Nous, cela nous laisse plus froids. « Je n'attaque pas le porc aux choux : je l'aime.... » et je pense là-dessus comme Tragaldabas. Mais si pourtant vous me le vouliez chanter trois mille vers durant, sur le tétracorde et l'heptacorde, sur la syrinx et la phorminx, sur le mode tyrien, le mode lydien et le mode phrygien, vous parviendriez à m'inspirer une furieuse envie de manger autre chose. Je ne dis pas que M. Vicaire aille jusque là : mais, tout de même, il insiste beaucoup sur le boudin grillé, et sur le reste des choses bressannes ; et Grosclaude lui reprocherait sûrement d'abuser de la liberté de la Bresse..... Avec tout cela, je goûte extrêmement les *Émaux Bressans*. Les vers en sont d'une excellente facture, et très « modernes » ; et d'autre part ils contiennent tout uniment (chose rare aujourd'hui, et qui vaut qu'on la remarque) le vieux-fonds de sentiments et d'idées des poètes de bonne race gauloise. Parmi les vers de ce temps, ils sont, d'abord, des meilleurs ; et puis ils sont, je crois bien, les seuls qu'un homme du dix-huitième siècle eût pu comprendre sans effort. Et cela fait de M. Vicaire un poète original, et doublement intéressant. (1)

---

(1) M. Gabriel Vicaire a donné, en collaboration avec M. Henri Beauclair, une série de parodies excellentes de la manière des décadents, les *Déliquescences*. Cette plaquette, signée du pseudonyme d'Adoré Floupette, a eu un succès retentissant. J'en citerai quelques vers, qui sont des meilleurs :

> O verte, verte, combien verte
> Était mon âme ce jour-là !
>
> C'était, on eût dit, une absinthe,
> Prise, il semblait, en un café,
> Par un Mage très échauffé,
> En l'honneur de la Vierge Sainte....

Mais tout serait à citer.

M. François Fabié est le poète du Rouergue. Il nous a donné deux recueils à peu d'intervalle (la *Poésie des Bêtes*; le *Clocher*). Cladel a écrit pour lui une préface curieuse (1); et il a eu bien raison de signaler la *Chatte noire* comme un chef-d'œuvre en son genre :

> Dans le moulin de Roupeyrac,
> Se tient assise sur son sac
> Une chatte couleur d'ébène.
> Il est bien certain qu'elle dort :
> Ses yeux ne sont que deux fils d'or
> Et ses griffes sont dans leur gaine. (2)

Cette admirable vérité du détail, vous la trouverez partout chez M. Fabié. Pas de poésie plus sincèrement et franchement rustique que la sienne. Tout ce qu'il décrit, on sent qu'il l'a observé longuement et avec amour. Je crois après cela qu'il a tort de dire à son père :

> Et ma plume rustique est fille de ta hache... (3)

Et tout le long de ses livres je note un je ne sais quoi de fruste et de gauche. A propos d'un chat qui poursuit une souris, le poète se croit obligé de se rappeler Achille poursuivant Hector autour des

(1) En tête de la *Poésie des Bêtes*.
(2) La *Poésie des Bêtes*.
(3) *Id.*

murs de Troie. Il a souvent de ces pédanteries faciles. Il m'apparaît comme un mélange singulier (intéressant et sympathique, après tout) de rustique et d'universitaire de province.

M. Camille Delthil est le « chantre » du Quercy. (1) Ses *Rustiques* l'ont placé au nombre de nos meilleurs et de nos plus consciencieux poètes des choses de la campagne. J'y note un *Moulin à vent* qui est simplement ravissant. Dans les *Lambrusques*, l'ar-

---

(1) M. Camille Delthil n'est pas seulement un rustique. Je veux signaler ses *Poèmes Parisiens* et, tout spécialement, ses *Martyrs de l'Idéal*. — Les romanciers du Quercy, M. Léon Cladel et M. Emile Pouvillon, ont fait tous deux des vers. Ceux de M. Léon Cladel sont assez connus (il y en a dans les *Parnasses* de Lemerre). Ceux de M. Pouvillon le sont moins. Vous lirez avec plaisir ce sonnet du délicieux auteur de *Jean de Jeanne* :

> Bordé de gentiane et d'ancolie en fleurs,
> Le lac brille enchâssé dans la roche âpre et noire,
> Et dans son pur cristal, où l'air souffle une moire,
> L'améthyste et l'azur alternent leurs couleurs.
>
> C'est au fond d'un grand cirque : un morne promontoire,
> Vieux colosse en ruine, aux farouches pâleurs,
> Y verse, mince et blanche, une cascade en pleurs,
> De si haut, qu'en chemin le soleil peut la boire.
>
> Solitude profonde ! En hiver, le tapis
> Des candides névés étouffe dans ses plis
> L'eau vive qui s'endort et le roc qui s'efface ;
>
> Et c'est tout, si l'été, du front brûlant des cieux,
> On voit descendre au bord du flot silencieux
> Le reflet allongé d'un nuage qui passe.

tiste est en pleine possession de lui même, et dans toute sa maturité. Je n'entends point par là qu'il ait dit son dernier mot. Sous ce beau titre, les *Tentations*, il annonce un poème qui, à en juger par les morceaux déjà connus, promet d'être son œuvre maîtresse. N'y a-t-il pas de la vérité et de l'éloquence dans ces vers qui peignent la tentation de la terre sur le paysan ?

> Et l'appétit grandit avec la convoitise,
> Car le voisin est riche et tient à son enclos,
> Et les voilà martyrs de ce désir éclos,
> Qui brûle comme un feu qu'un vent léger attise.
>
> Jusqu'à leur dernier jour, renaissante douleur!
> Sans cesse provoquant leur prunelle luisante,
> Le champ s'étalera dans sa grâce plaisante,
> Avec ses amandiers et ses vignes en fleur ;
>
> Et comme un triste amant poursuit une inhumaine,
> Sûre de sa beauté, fière de ses appas,
> Ils rôderont autour d'un bien qu'ils n'auront pas,
> Et se consumeront et mourront à la peine.
>
> Oh ! l'amour de la terre, amour naïf et fort
> Qui prend le paysan au profond des entrailles,
> Et le livre vivant aux ardeurs des batailles
> Pour le laisser songeur, même devant la mort!
>
> Besoin de posséder encore une parcelle
> De ce sol bien-aimé, *plus ingrat qu'un enfant* ;
> Volupté de poser un baiser triomphant
> Sur ce sein ferme et plein qui sous l'effort ruisselle,

C'est toi qui fais braver les terribles soleils
Aux rudes compagnons qui vont, troupes frugales,
Dans le bruit stridulant des ailes des cigales,
Faire, faucille en main, tomber les blés vermeils !...

IV

J'ai réservé pour la fin un poète de grand talent et de grande notoriété qui est l'aîné de presque tous ceux que j'ai cités : M. André Lemoyne. Pas plus que M. André Theuriet, avec lequel il a des affinités, M. André Lemoyne ne s'est cantonné dans une seule province ; et il ne s'est même point enfermé dans la poésie rustique. Mais il l'a du moins cultivée avec prédilection.

L'humanité, a-t-il dit quelque part,

aime qu'une voix juste
Lui chante la chanson divine du printemps.

S'il a pensé à lui, il a eu raison. Sa voix, qui n'est pas très étendue, est en effet singulièrement juste. Il manque d'invention. Ici, il s'inspire de Balzac (*Une Larme de Dante*). Là, il traduit Dickens (le *Soir d'une Bataille*). Il manque de souffle aussi. Mais il a sûrement le goût et le sens de la perfection. Sa manière est tout à fait sobre, délicate et précise. Ses pièces sont à la fois d'excellents tableaux et de jolies chansons ; et plusieurs mériteraient d'être lues

> Tant qu'on pourra cueillir muguet et primevère,
> Et que la fleur d'amour dans une âme éclora.

Notez qu'il y a presque toujours une émotion dans ses vers achevés. Il est sincère et exquis. Si Virgile revenait parmi nous, et qu'il pût lire nos rustiques, peut-être que M. François Fabié ou M. Gabriel Vicaire lui sembleraient des barbares. Mais je crois bien qu'il irait sans hésiter à M. André Lemoyne, et qu'il reconnaîtrait tout de suite en lui un petit-fils (1).

(1) Je ne veux pas oublier les vers de M. Grandmougin ; ceux de M. Léon Duvauchel (Les *Médaillons; la Clé des champs*) ;.ni ceux de M. Garrisson (Le *Pays des Chênes*).

II

LES MODERNISTES

MM. PAUL BOURGET. — EUGÈNE MANUEL. — ALBERT MÉRAT. — ANTONY VALABRÈGUE. — RAOUL GINESTE. — PAUL ARÈNE. — ÉMILE BLÉMONT.

I

M. Paul Bourget est le poète « moderne » par excellence, et ce fut toujours sa grande ambition de l'être. Le passé l'occupe peu. Même dans son voyage en Grèce, il s'inquiète à peine des Grecs anciens. La modernité est son idéal unique.

Avant lui, nous avions un « poète de l'âme moderne », M. Sully-Prudhomme, et un « poète de la vie moderne », M. François Coppée (j'emprunte ces formules à M. Jules Lemaître). On pouvait regretter que M. François Coppée n'aperçût que des surfaces, et que M. Sully-Prudhomme ne sortît point de ses abstractions. A l'un, l'esprit échappait; à l'autre, la matière. Il eût été beau de réunir leurs deux poésies en une poésie supérieure qui les contînt et les résumât. C'est, peut-être, ce qu'a rêvé M. Paul Bourget. C'est, en tout cas, ce qu'il a réalisé, ou à peu près. Çà et là, en le lisant, vous croirez lire M. Sully :

> Il a versé des larmes folles,
> Trop pour en faire encor verser ;
> Trop subi de dures paroles
> Pour plus jamais en prononcer...... (1)

Et il se pourra aussi qu'à de certaines pages d'*Édel* vous croyiez lire M. Coppée.

Ce qu'a M. Bourget d'original, c'est d'abord ce mélange même; et c'est aussi une certaine façon de désespérance élégante et de dandysme pessimiste.

Le poète montre partout un grand goût de ce qu'il appelle

> L'élégance divine et fière de la vie (2),

(1) Les *Aveux*.
(2) La *Vie inquiète*.

et aussi des menues élégances, sans lesquelles il ne conçoit pas celle-là. Ses histoires en vers se déroulent dans des milieux « distingués ». Le paysage même n'a garde de s'y permettre une vulgarité. Si M. Bourget célèbre le ciel, ce ne sera qu'un ciel tout à fait correct et mondain, et qui ravira les salons :

<blockquote>Le ciel d'automne était couleur d'un gant gris-perle (1)</blockquote>

Et il va sans dire que ses héros (Georges Ancelys, Jeanne de Courtisols, Madame de Morède) appartiennent inévitablement au meilleur monde. Ajoutez que les problèmes de la vie matérielle n'existent pas pour eux. Dès qu'ils se sentent le cœur atteint, ils voyagent ; et c'est plaisir de voir comme en quelques vers, et tout naturellement, le poète leur fait exécuter des pérégrinations à ruiner tout de suite un pauvre homme. Cependant, ni tant de luxe ne les réjouit, ni tant voyager ne les distrait. Ils meurent jeunes, de douleurs extrêmement « distinguées » et psychologiques. Cette littérature est précisément l'opposé de celle de M. Huysmans. Les personnages de M. Huysmans trouvent la vie mauvaise, parce qu'ils n'ont au

(1) *Édel.*

dîner que de la viande douteuse et des œufs sur le déclin (1). Leur pessimisme ne vous touchera point, pour peu que vous ayez découvert un restaurant passable. Mais les héros de M. Bourget dînent le mieux du monde et n'en pleurent pas moins. Tout au rebours du Mark Tapley de Dickens (2), qui recherchait les menues misères afin d'avoir plus de mérite à être jovial, il semble que M. Bourget se plaise à entourer ses personnages de tous les agréments de la vie, à seule fin qu'ils aient plus de mérite à être pessimistes.

Cette poésie est éminemment propre à montrer à ceux qui n'en sont point persuadés qu'il y a d'autres douleurs au monde que celles du corps : et par là, j'oserai dire qu'elle contient un haut enseignement. Je voudrais qu'on lût publiquement les vers de M. Bourget à nos ouvriers de Paris. Leur envie des « classes dirigeantes » serait tôt remplacée par une douce pitié. Le malheur est qu'ils les ignorent, et leurs chefs aussi. Comme on le voit bien, que ni M. Basly, ni M. Camélinat ne s'attendrirent jamais sur Jeanne de Courtisols (3)!

(1) *A vau-l'eau.*
(2) *Martin Chuzzlewit.*
(3) Parmi les disciples de M. Paul Bourget, je distingue un

II

C'est, au contraire, à la vie du peuple que s'intéresse particulièrement M. Eugène Manuel *(Pages intimes, Poèmes populaires, Pendant la Guerre, En voyage)*; et, par là, il se rapproche de M. Coppée. Il s'en distingue par plus de sérieux, par une sensibilité moins nerveuse (ce n'est que par accident qu'il tombe dans la sensiblerie), par une conception virile de la vie qui me rappelle tels poètes anglais, et en particulier Longfellow. On connaît ses vers fameux sur une fille-mère de quinze ans :

> Elle portait effrontément
> Le poids sacré de cette honte...

jeune poète de talent, M. Henri Fauvel, (*L'Art et la Vie*) de qui je veux citer une excellente petite pièce :

> En face du grand, du poignant mystère,
> Qu'est-ce donc que l'homme, ici-bas, sinon
> Un fantôme vain qui passe sur terre
> Et dont nul demain ne saura le nom?
>
> Un morne horizon pour tout héritage,
> Un cœur pour aimer, un cœur pour souffrir,
> Et pour ressentir un jour davantage
> L'ennui de vieillir, l'horreur de mourir;
>
> Et dans le ciel vaste, à travers les voiles
> Cachant à ses yeux l'inconnu divin,
> Comme des flambeaux, des milliers d'étoiles,
> Où montent le soir ses désirs sans fin!

Ces fermetés d'accent ne sont pas rares chez lui ; et, même en s'attendrissant, il garde je ne sais quoi de mâle. Il a des pleurs d'homme et non de femme. Presque seul entre nos poètes, il a fait d'excellents vers patriotiques. Je note dans son dernier recueil (1) un beau sonnet sur la mort d'un adolescent :

> Heureux qui part pour la vie inconnue,
> Les bras croisés sur sa poitrine nue,
> Fier et charmant, sans une tache au cœur (2).

Et je veux vous citer en entier une chanson parfaite, admirable à la fois de sentiment et de forme, et qui compterait parmi les pièces les plus accomplies de l'anthologie dont je vous parlais :

> Quand nous parcourions la plage normande,
> Tu m'as dit un jour, un jour de printemps :
> « Sais-tu bien, ami, ce que je demande,
> Parmi tant de vœux dans l'esprit flottants ?
> Indéfiniment, sur la même grève,
> Au même rocher par les flots battu,
> Près de toi m'asseoir pour le même rêve... »
> — Ces mots adorés, les redirais-tu ?

(1) *En Voyage.*
(2) Ainsi Stace envie la mort du jeune favori d'Atédius Melior :
......Non ille rogavit,
Non timuit, *meruitve* mori.....
(*Silves*, livre II.).

> Quand nous voyagions dans les Pyrénées,
> Tu m'as dit un jour, un beau jour d'été :
> « Oh ! voir avec toi s'enfuir les journées !
> Me sentir ainsi seule à ton côté !
> Sans que rien nous lasse et nous décourage,
> Ensemble gravir des pics ignorés,
> Et d'un même cœur y braver l'orage !... »
> — Les redirais-tu, ces mots adorés ?
>
> Aux bois du Morvan, quand sèchent les chênes,
> Tu m'as dit un jour d'octobre brumeux :
> « Nous aurons aussi nos bises prochaines,
> Et nous vieillirons, dépouillés comme eux.
> Mais qu'importe au cœur que demain soit sombre,
> Si le souvenir garde sa vertu ?
> Qu'importe avec toi le soleil ou l'ombre ? »
> — Ces mots adorés, les redirais-tu ?
>
> Quand rentrés au nid, nous lisions ensemble,
> Tu m'as dit un soir, un long soir d'hiver :
> « Vivre ainsi toujours, ami, que t'en semble ?
> Nous chauffer toujours à ce feu si clair ?
> Et lorsque la mort déploiera sa voile,
> Pour conduire ailleurs nos cœurs préparés,
> Débarquer tous deux dans la même étoile ?
> — Les redirais-tu, ces mots adorés ?

Remarquez qu'ici, telle des plus heureuses inspirations du poète (l'épithète *préparés*, par exemple, d'un si beau sentiment) lui a été évidemment suggérée par la rime. On dit de la rime trop de mal. Pour les grecs, leurs légendes mythologiques, venues on ne sait d'où, sorties de quipropros et de confusions du langage, étaient des manières de bout-rimés auxquelles il s'agissait d'adapter un sens. Ils ont trouvé pour les expliquer les plus beaux symboles du monde, parce qu'ils étaient extrêmement intelligents. L'influence de la rime n'est ni bonne ni mauvaise en soi. La rime suggère aux sots des sottises, et aux vrais poètes de belles pensées ou de belles visions. Tout dépend de la qualité de l'intelligence qui travaille sur elle.

III

M. Albert Mérat, peu répandu dans le grand public, mais que les lettrés goûtent, et que l'Académie a distingué plusieurs fois bien justement, m'apparaît comme un de nos meilleurs versificateurs, et aussi (car les deux choses ne vont pas toujours ensemble), comme un de nos meilleurs écrivains en vers. Il est vraiment de ceux qu'on pourrait dire « impeccables », s'il ne valait mieux s'abstenir tout à fait de ces vocables ambitieux. Il a construit beaucoup de vers (Les *Chimères*, l'*Idole*, *Souvenirs*, l'*Adieu*, les *Villes de marbre*, *Printemps passé*, *Au Fil de l'eau*, *Poèmes de Paris*) ; et il n'en a construit que d'excellents. Il est sûrement un de nos sonnettistes les plus parfaits. Voici un sonnet que je prends un peu au hasard. D'autres sont aussi gracieux et aussi achevés :

> La maison que je veux serait je ne sais où,
> Mais loin d'ici, dans l'Inde, ou près d'un fleuve, en Chine.
> L'air bleuirait sa tour de porcelaine fine,
> Portant comme un bouffon des clochettes au cou.
>
> La maison que je veux serait celle d'un fou,
> Sans chemin pour aller à la maison voisine.
> Entre les jasmins blancs et les fleurs d'aubépine,
> Poindrait un toit luisant de nattes de bambou.
>
> La chambre tiède aurait des peintures de laque ;
> De larges oiseaux d'or, sur le clair mur opaque,
> Couvriraient un lac mince ou voleraient autour :
>
> Et la femme aux cils fins que mon désir demande
> Aurait les ongles longs et les yeux en amande,
> Etoile de beauté dans ce rêve d'amour. (1)

Ce n'est là au reste qu'un caprice. M. Albert Mérat n'a pas souvent de ces fantaisies exotiques. Horace conseillait de chercher le bonheur à Ulubres. M. Mérat le cherche volontiers à Chatou, à Meudon ou à Bougival. M. Catulle Mendès dit de lui (2) qu'il est « avant tout et surtout le poète des

(1) Les *Souvenirs*.
(2) La *Légende du Parnasse contemporain*.

environs de Paris ». Et le recueil qu'il a consacré à Paris même est celui où je l'aime le mieux.

Vous trouverez là, en une série de pièces exquises, le Paris de tous les quartiers, de toutes les heures, de toutes les saisons. Des citations, c'est pour moi un grand embarras d'en faire. On voudrait citer tout d'un livre où tout est charmant, et ignoré. — Voici les restaurants de nuit :

> Si le désœuvrement du rêve vous conduit
> Dans les grands restaurants où l'on soupe la nuit,
> Regardez, méfiant des promesses trompeuses,
> Le troupeau lamentable et pâle des soupeuses...
> Elle ne parlent pas beaucoup ; j'en suis bien aise.
> Elles disent : « Perdreau, champagne, mayonnaise ».
> C'est tout : encor la voix est sans conviction.
> Pour ces femmes, souper est une fonction.
> Délices des vieux beaux mariés en province,
> Elles sont le plaisir moderne, autant que mince.
> Vers quatre heures enfin, avec quelque chaland
> Naïf, elles s'en vont d'un pas stupide et lent...

Et voici la rôtisserie :

> ... Des dindonneaux en chapelets,
> Des girandoles de poulets,
> Une rangée épaisse d'oies,
> Font un spectacle sans égal.
> Pour la bouche c'est un régal,
> Et pour les yeux ce sont des joies.

> La flamme jette un éclat gai,
> Le tourne-broche est fatigué.
> J'aperçois neuf poulets qui fument,
> Et trois garçons roses et gras,
> Sans y penser, à tour de bras,
> Qui plument, qui plument, qui plument...

Voici les baraques du jour de l'an, avec toutes leurs merveilles :

> Des lapins battant du tambour,
> Et des beautés faites au tour
> Dont la tête est en porcelaine.
> Le plateau nain d'un thé complet,
> Et des caniches à soufflet
> Dans une broussaille de laine...
>
> Les petits pauvres étonnés
> Lèvent les yeux, lèvent le nez,
> Vers tant de merveilles étranges
> Qui ne sont pas faites pour eux :
> Donnez-leur, pour qu'ils soient heureux,
> Des sucres d'orge et des oranges !

Voici la fête des rois, en famille :

> D'un geste lent et préparé,
> On coupe le gâteau doré,
> Le hasard seul donne la fève,
> Ou l'on triche : alors c'est plus gai,
> Et chacun a l'air intrigué
> Ou d'être le jouet d'un rêve...

Je ne me lasse point de citer. Voici les premières promenades du printemps :

Tous les dimanches, près d'ici,
Vers Sèvres, vers Montmorency,
Un vent de voyage nous pousse,
Le vent des lumineux matins,
Et des déjeuners incertains
Par la campagne verte et douce.

Nous nous en irons les premiers
Vers les coteaux blancs de pommiers,
Sans penser à rien, sans rien dire,
Les yeux vaguement éblouis
De nos beaux horizons bleuis
Qui recommencent à sourire.

Et voici les marchandes des quatre saisons. Elles vont tout le jour, poussant le haquet, par le vent, la pluie et la boue ; et l'existence où elles se résignent leur fait rêver un paradis « d'une naïveté charmante » :

Auprès des anges, dans le bleu,
Parmi des choses indécises,
De bons fauteuils au coin du feu
Où les vieilles seraient assises... (1)

N'est-ce pas qu'ils sont tout à fait gracieux, ces petits tableaux de la vie familière, et que le poète

(1) J'ai bien envie de faire ici la même remarque que tout à l'heure à propos de M. Manuel. Le plus joli vers du quatrain est le second ; et il a été évidemment suggéré par la rime assises.

mériterait bien d'être connu et goûté du public comme le meilleur élève de M. François Coppée ?

Un lecteur des *Poèmes de Paris* m'arrête sur ce mot d'*élève* : « Mérat, me dit-il, a débuté avant Coppée ; et je ne vois pas qu'il lui doive beaucoup. Que sa manière ait quelque analogie avec celle des *Promenades et Intérieurs*, rien de plus sûr ; mais qu'elle en procède, j'en doute ; et j'irai jusqu'à dire que je la préfère. J'avoue après cela que je serais en peine d'expliquer nettement pourquoi. Serait-ce que M. Mérat se prive de tout le « côté mélodrame » de M. Coppée, qu'il ne tâche point à m'émouvoir par des moyens faciles, qu'il ne conte pas d'histoires, que je suis plus sûr de ne le goûter que pour des raisons d'art ? Est-ce tout uniment qu'il y a plaisir à aimer ce qui n'est connu de personne ? Je crois qu'il y a autre chose aussi. Il me semble que ses petits tableaux sont d'un trait plus élégant et plus fin ; que, je ne sais comment, en même temps que le dessin en est plus précis, ils contiennent plus de rêve ; et qu'enfin le choix des détails n'y est point déterminé, comme chez M. Coppée, par je ne sais quelle curiosité paradoxale du trivial, du mesquin et de l'étriqué. Tout n'est pas si étriqué ni si mesquin dans les villes, et M. Albert Mérat le sait bien. Il parle comme il faut de la Seine:

> Je voyais, coupe verte où mon rêve s'abreuve,
> Dans son cadre éclatant reluire le vieux fleuve...

ou du Soleil qui « beau comme un jeune dieu, sur la ville se lève. » De même qu'il sait être familier sans manière, il sait élever le ton sans emphase. Devant une cage où chante un rossignol aveugle, une émotion le prend, et il devient lyrique sans effort:

> Je ne ferais pas comme lui,
> Si j'avais perdu la lumière.
> Le poids d'un incurable ennui
> Chargerait sans fin ma paupière.
>
> Ne voyant plus les soirs d'été
> Ni les matins bleus dans leur gloire,
> Je voudrais chasser la beauté
> Et le soleil de ma mémoire...

Ce promeneur sans parti pris, facilement attendri ou amusé, sait dégager à l'occasion la tristesse et la beauté des choses. Ce mot de « beauté », que je viens d'employer, je n'ai nul embarras à l'appliquer aux petites pièces des *Poèmes de Paris* ; il m'embarrasserait, si fort que je les goûte, de l'appliquer à celles des *Promenades et Intérieurs* ou des

Humbles. C'est que M. Mérat est un peintre, et M. Coppée un caricaturiste sentimental. »

Tout cela, je ne le garantis pas. M. Mérat, lui-même, qui est modeste, y trouverait sans doute à redire. Il reste qu'il est un poète excellent ; et que c'est une chose bien étrange, et qui montre en quel discrédit la poésie est tombée, qu'un livre comme les *Poèmes de Paris* soit tout à fait ignoré des Parisiens.

IV

M. Albert Mérat est, dans une certaine mesure, un chef de groupe. On peut réunir autour de lui ceux des anciens Parnassiens ou de leurs élèves qui, en même temps que le souci de la facture, ont eu le goût de la vérité familière. J'adresserai ici un souvenir à son collaborateur, Léon Valade, mort il y a quelques années. Avec des qualités analogues à celles de M. Mérat, il avait moins de fécondité ; et il mettait plus de pensée dans ses petites pièces.

M. Antony Valabrègue a donné de *Petits Poèmes Parisiens*, d'une excellente facture ; et il est, lui aussi, un très bon sonnettiste.

J'ai trouvé dans le *Rameau d'or* de M. Raoul

Gineste une certaine grâce délicate et noble, et de la science technique. Aussi éloigné que possible des décadents par le tour de la pensée et la qualité de la langue, M. Gineste s'en rapproche par son goût des innovations, le souci qu'il a de rajeunir et de varier les rythmes traditionnels.

M. Paul Arène, conteur exquis en prose, se montre, je crois, aussi souvent parisien que provençal dans ses vers trop rares, et qu'il a eu jusqu'ici le grand tort de ne pas réunir (1).

M. Emile Blémont a donné des *Portraits sans Modèles*. Je saisis dans ces élégantes petites pièces l'influence de Coppée et celle surtout de Mérat. Je note un charmant *Effet de neige* :

> La neige tombe; elle s'étend
> Sur les jardins, sur les toitures.
> C'est à peine si l'on entend
> Le roulement sourd des voitures.

(1) Longtemps avant que MM. Vicaire et Beauclair parodiassent les excentricités des décadents, M. Paul Arène avait parodié celles des premiers Parnassiens, dans un bien divertissant petit livre intitulé : Le *Parnassiculet contemporain*. Le *Parnassiculet* est malheureusement devenu très rare aujourd'hui. Voici une fin de sonnet philosophique qui a son prix :

> Car Tout est Tout. Là-haut, dans l'océan du ciel,
> Nagent, parmi les flots d'or rouge et les désastres,
> Ces poissons phosphoreux que l'on nomme des astres,
> Tandis que dans le ciel de la mer, plus réel,
> Plus palpable, ô Proteus, mais plus couvert de voiles,
> Le vague zoophyte a des formes d'étoiles...

> Le monde est si vieux, dirait-on,
> Que son bon Dieu, plein d'ironie,
> Veut le mettre dans du coton
> Pour adoucir son agonie...

Çà et là, il unit le souci de la pensée à celui de la forme et de la couleur ; et c'est alors à Valade qu'il fait songer. Le *Mal*, par exemple, serait digne de prendre place à côté des meilleures pièces d'*A mi-côte* :

> Origine, but et milieu,
> Raison qui frappes de démence,
>
> S'il est un coupable, c'est toi ;
> Lorsqu'en toi tout dormait encore,
> Seul tu conçus la sombre loi
> Qui nous crée et qui nous dévore.
>
> Ceux de nous qu'un vertige obscur
> Traîne effarés vers les abîmes,
> Plus que les hommes au cœur pur,
> O Créateur, sont tes victimes !
>
> Et les suprêmes Paradis
> Devraient s'ouvrir aux tristes âmes,
> Que les instincts les plus maudits
> Font ici-bas les plus infâmes.

D'autre part, pour sa façon de mêler l'esprit et la fantaisie à ses peintures de la vie moderne, il peut se réclamer du Hugo des *Chansons des rues et des bois*, et, par delà, de Henri Heine... — Les *Poèmes de Chine*, plus récents, sont un recueil de traductions des principaux poètes chinois. Il va sans dire que l'auteur ne nous révèle rien, et qu'il a pris ses originaux dans le marquis d'Hervey de Saint-Denis, Judith Gautier et Jules Arène. Dirai-je qu'une centaine de chinoiseries de suite, cela est pour fatiguer un peu ? Mais, si l'idée du livre n'est peut-être pas très heureuse, les vers au moins sont de la meilleure facture. J'attends maintenant de M. Blémont quelque beau recueil de chansons populaires, dans le goût de cette savante et délicieuse *Marthe aux pieds nus* qui fut la merveille du *Parnasse* de 1876. Dès à présent, on peut le considérer comme le poète le plus remarquable, avec M. Mérat, de ce petit groupe de Parnassiens modernistes, qui, lui-même, est peut-être ce que le mouvement parnassien nous a donné de plus distingué...

III

PHILOSOPHES — HISTORIENS PSYCHOLOGUES

LOUISE ACKERMANN. — ANDRÉ LEFÈVRE. — HENRI CAZALIS. — ANATOLE FRANCE. — FRÉDÉRIC PLESSIS. — GEORGES LAFENESTRE. — LÉON DIERX. EDMOND HARAUCOURT. — JULES LEMAITRE. — — AUGUSTE DORCHAIN. — AMÉDÉE PIGEON. — CHARLES DE POMAIROLS. — ERNEST DUPUY. — ZÉNON FIÈRE. — PHILIPPE GILLE. — L. X. DE RICARD. — GUSTAVE RIVET. — CLOVIS HUGUES. — ARMAND RENAUD. — EMMANUEL DES ESSARTS. — JEAN RAMEAU. — PAUL DÉROULÈDE.

Sous ce titre, un peu ambitieux, je réunis ceux de nos poètes qui ont souci avant tout de la pensée ou du sentiment. Certains procèdent de M. Leconte de Lisle, certains, de M. Sully-Prudhomme.

Deux ou trois ne procèdent de personne ; et c'est par eux que je veux commencer.

I

Le cas de Mme Ackermann est, littérairement, bien curieux. C'est le cas d'Auguste Barbier, retourné. Comme l'auteur des *Iambes*, Mme Ackermann n'a eu qu'une heure de génie. Mais elle l'a eue à la fin de sa carrière, au lieu de l'avoir au commencement. Jusque vers la soixantaine elle a écrit des vers innocents, que décoraient des licences hyperboliques et des inversions extraordinaires :

> Ou ses attraits qu'une jeune bergère
> Vienne y mirer, c'est un ruisseau content...

Puis la guerre et la Commune l'ont remuée jusqu'au fond de l'être. Comme Lucrèce, témoin des guerres civiles, elle a pris les dieux en haine ; et elle s'est brusquement échappée en anathèmes aussi éloquents que ceux du poète romain. Tout le monde sait quel souffle de génie anime la célèbre apostrophe à Pascal :

... Quand de son Golgotha, saignant sous l'auréole,
Ton Christ viendrait à nous, tendant ses bras sacrés,
Et quand il laisserait sa divine parole
Tomber pour les guérir en nos cœurs ulcérés ;

Nous nous détournerions du tentateur céleste
Qui nous offre son sang, mais veut notre raison.
Pour repousser l'échange inégal et funeste,
Notre bouche jamais n'aurait assez de : Non !

Non, à la Croix sinistre, et qui fit de son ombre
Une nuit où faillit périr l'esprit humain,
Qui, devant le progrès se dressant haute et sombre,
Au vrai libérateur a barré le chemin !

Non, à cet instrument d'un infâme supplice,
Où nous voyons, auprès du divin innocent,
Et sous les mêmes coups, expirer la Justice !
Non à notre salut, s'il a coûté du sang !

Puisque l'amour ne peut nous dérober ce crime,
Tout en l'enveloppant d'un voile séducteur,
Malgré son dévouement, Non, même à la victime,
Et Non par-dessus tout au sacrificateur !

Qu'importe qu'il soit Dieu, si son œuvre est impie ?
Quoi ! c'est son propre fils qu'il a crucifié !
Il pouvait pardonner, mais il veut qu'on expie.
Il immole, et cela s'appelle avoir pitié !

Et plus loin, c'est à toute idée spiritualiste qu'elle s'en prend. Si ce sont des lois aveugles qui régissent la nature, il n'y a point de honte à s'incliner devant elles :

> Oui, mais si c'est un Dieu, maître et tyran suprême,
> Qui nous regarde ainsi nous entre-déchirer,
> Ce n'est plus un salut, non, c'est un anathème
> Que nous lui jetterons avant que d'expirer...
>
> Qui sait? nous trouverons peut-être quelque injure
> Qui l'irrite à ce point que d'un bras forcené
> Il arrache des cieux notre planète obscure,
> Et brise en mille éclats ce globe infortuné.
>
> Notre audace du moins vous sauverait de naître,
> Vous qui dormez encore au fond de l'avenir,
> Et nous triompherions d'avoir en cessant d'être
> Avec l'humanité forcé Dieu d'en finir!
>
> Oh! quelle immense joie après tant de souffrance!
> A travers les débris, par-dessus les charniers,
> Pouvoir enfin jeter ce cri de délivrance :
> Plus d'hommes sous le ciel, nous sommes les derniers!

Au reste, si elle hait les doctrines du passé, elle n'a guère plus de confiance dans l'avenir. Le triomphe de la démocratie envieuse et niveleuse ne lui inspire que de l'horreur. Elle s'adresse au poète de l'*Année terrible* ; elle refuse d'exalter avec lui la foule ; et ses vers sont superbes de colère et de mépris.

> Nous n'aurons pas du moins applaudi de la lyre
> Au triomphe futur d'ignobles éléments!...
>
> Après tout, quand viendra l'heure horrible et fatale,
> En plein déchaînement d'aveugles appétits,
> Sous ces flots gros de haine et de rage brutale,
> Les moins à plaindre encor seront les engloutis!

M. Sully Prudhomme (moins emporté, nature noble et toujours un peu timide), a bien rarement de tels accents, s'il en a. Notez que ces vers, si admirablement virils, sont pourtant des vers de femme, et de deux façons. D'abord, jusque dans son magnifique anathème au christianisme, ce n'est point chez elle la raison qui proteste, c'est le cœur. Au fond, elle s'inquiéterait peu que le dogme fût absurde. C'est parce qu'il est cruel et monstrueux qu'elle se révolte. Et il serait le vrai qu'elle se révolterait encore. Le mot admirable

> Qu'importe qu'il soit Dieu, si son œuvre est impie?

est un mot de femme plutôt que d'homme.— Puis, au point de vue technique, tous ces vers sont des vers d'écolier. Les femmes n'en font guère d'autres. En ce temps même, où le « métier » est si répandu, je n'en vois aucune qui l'ait possédé vraiment (1)

(1) Je ne veux pas dire que les vers de nos poétesses soient tous méprisables. Je citerai parmi les meilleurs ceux de madame Nelly Lieutier (*Chemin faisant*).

(si ce n'est peut-être Louisa Siefert). Chez madame Ackermann, les épithètes viennent comme elles peuvent, et elles sont le plus souvent très faibles (*forcené, obscur, infortuné*). C'est avec de telles épithètes qu'elle rime. Son manque de talent est flagrant. Un Parnassien quelque peu habile rirait bien de cette forme. Mais c'est le Parnassien qui aurait tort. Ce qu'on nomme « talent » n'est pas grand chose. Madame Ackermann parle quelque part du cri dernier que jette le marin qui naufrage ; et elle ajoute avec une fierté juste qu'elle aussi a poussé son cri de détresse : « Je l'ai jeté : je puis sombrer ! » Elle ne mourra pas tout entière en effet. Les gaucheries et les inexpériences n'y feront rien. Il y a dans Lucrèce des vers tout aussi pauvres. Pentadius en faisait de meilleurs sans comparaison. Il devait sourire avec de jolis dédains s'il lui arrivait d'ouvrir le *De natura rerum*. Mais Lucrèce est immortel tout de même, et Pentadius n'est rien. L'humanité en marche a trop de bagages pour s'encombrer de beaucoup de bibelots. Ce n'est que ce qui vient de l'âme qui dure. Pleines de force et de faiblesses comme elles sont, les lamentations pessimistes de madame Ackermann sont plus assurées de vivre que celles même des *Poèmes Barbares*. La postérité aura des simplifications dont ne se doutent point les habiles. Notre siècle lui apparaîtra dominé par deux ou trois phénomènes capitaux (la décadence des croyances anciennes, l'avénement d'une démocratie jalouse et sotte). Les poètes qui auront été conscients de ces phénomènes seront pour elle les « âmes » du temps. Elle se dispensera de lire les autres.

Comme madame Ackermann, l'auteur de la *Lyre intime* et de la *Flûte de Pan*, M. André Lefèvre est un isolé dans notre poésie. Il est moins connu, et mérite moins de l'être. La forme dont il use est vaguement lamartinienne. En vers incolores, impalpables, et comme incorporels, il développe les théories matérialistes ; et je m'étonne un peu de voir si entêté de matérialisme un poète qui reçoit si peu d'impressions de la matière. Il a traduit les *Bucoliques* de Virgile médiocrement ; et le poème de Lucrèce avec beaucoup plus de bonheur. Cette dernière traduction est, je crois bien, la meilleure que nous ayons d'aucun poète ; et cela prouve qu'il ne faut pas faire de traductions.

M. Henri Cazalis peut sembler tout d'abord un disciple de M. Leconte de Lisle, à cause de sa philosophie, et parce qu'il a fait des poèmes indous et bouddhiques. Mais je crois que son œuvre serait ce qu'elle est (ou à peu près), quand même il n'aurait lu ni M. Leconte de Lisle ni les autres. Il m'apparaît comme un cas tout à fait singulier; et, encore qu'il soit fort méconnu (M. Catulle Mendès néglige de l'étudier dans sa *Légende du Parnasse contemporain*; M. André Theuriet en parle quelque part avec une douce indulgence), je m'arrêterai sur lui comme sur un des premiers poètes de ce temps.

S'il me fallait le définir d'un mot, je dirais qu'il est en poésie un médecin (1), et (chose rare), un médecin idéaliste. Mais je sens tout ce que ma formule laisse échapper. Le fait est qu'il a visiblement deux obsessions : celle du néant futur, et celle, si je puis dire, du néant actuel; l'idée qu'il nous faut mourir un jour, et l'idée que peut-être rien n'existe autour de nous de ce que nous voyons. La première, nous l'avons tous, mais non point avec cette intensité ni cette fréquence. Certaines des pièces de M. Cazalis (qui ne sont pas celles que je goûte le plus) sont d'un carabin morose, entouré de tibias et de têtes de mort. Et d'autres sont d'un berkleyen épouvanté de n'être entouré que d'apparences. Cette idée-là aussi est commune. Il n'y a guère d'esprit cultivé à qui elle soit étrangère. Les plus intelligents de nos poètes (M. Sully, par

---

(1) M. Cazalis exerce la médecine en province.

exemple, ou M. de Pomairols) l'ont aussi bien que M. Cazalis. Seulement, il semble qu'ils l'aient acquise par les livres, et que lui en ait comme l'intuition et la vision. On dirait que les impressions qu'il reçoit des objets ne se coordonnent point en lui, de façon à impliquer, en quelque sorte, leur preuve, mais qu'elles gardent quelque chose du flottant, de l'inconsistance et du décousu d'un songe. Certains mots (*fantôme, vision*), lui reviennent avec persistance :

> Heureux qui, prenant conscience
> De ces visions un moment,
> Auront vu la magnificence
> Dont se revêt tout ce néant,
>
> Et, de leurs larges yeux avides,
> Se rassasiant de couleurs,
> Auront devant ces splendeurs vides
> Mêlé leur extase et leurs pleurs ! (1)

et « dans une forêt, la nuit » :

> Pourquoi suis-je donc seul saisi d'un tel émoi,
> Seul atome pensant parmi tous les atomes,
> Devant ces arbres noirs qui font autour de moi
> Ce grand cercle muet d'immobiles fantômes ?

(1) *L'Illusion*. C'est le recueil capital de M. Cazalis. Il avait débuté par *Melancholia*, aux premiers temps du « Parnasse ». Il a donné, en prose, un volume de pensées : Le *Livre du Néant*.

Dans ce monde avec eux pourquoi suis-je venu ?
O visions, avant que la mort ne nous fasse
Pêle-mêle rouler au fond de l'inconnu,
Regardons-nous une heure encore face à face ! (1)

En même temps, il a le sentiment profond de la vie d'on ne sait quel Tout mystérieux :

Univers éternel, arbre toujours vivant,
Yggdrasill, frêne énorme aux vibrantes ramures,
Quel esprit est en toi, quel grand souffle et quel vent
Vient t'émouvoir sans fin et t'emplir de murmures ? (2)

Il est panthéiste autant qu'idéaliste. Il ne me semble pas que son état d'esprit diffère beaucoup de celui des anciens sages d'Orient (aussi ses poèmes indiens sont beaucoup plus indiens que ceux de M. Leconte de Lisle, et ce n'est que chez lui que le néo-bouddhisme est autre chose qu'une fantaisie de lettré). A de certaines heures, il a les idées des Brahmes sur la métempsychose ; et il les exprime de façon magnifique et étrange, comme un grand poète et comme un visionnaire :

Je sens confusément, l'hiver, quand le soir tombe,
Que jadis, animal ou plante, j'ai souffert,
Lorsque Adonis saignant dormait pâle en sa tombe,
Et mon cœur reverdit quand tout redevient vert.

(1) *Le Parnasse*, de 1876.
(2) *Id.*

Certains jours, en errant dans les forêts natales,
Je ressens dans ma chair les frissons d'autrefois,
Quand, la nuit grandissant les formes végétales,
Sauvage, halluciné, je rampais sous les bois.

Soudain, s'ouvrent parfois de vagues éclaircies
Dans ces rameaux touffus des souvenirs profonds,
Et je crois entrevoir des splendeurs obscurcies
Dont les rayons éteints n'éclairent plus nos fronts.

Lorsque le violon des Tziganes soupire,
C'est qu'un regret toujours survit et pleure en eux
D'un paradis lointain, d'un fabuleux empire,
D'un ciel d'or, qui laissa ses flammes dans leurs yeux.

Dans le sol primitif nos racines sont prises ;
Notre âme comme un arbre a grandi lentement,
Ma pensée est un temple aux antiques assises
Où l'ombre des dieux morts vient errer par moment.

Quand mon esprit aspire à la pleine lumière,
Je sens tout un passé qui me tient enchaîné ;
Je sens rouler en moi l'obscurité première :
La terre était si sombre aux temps où je suis né !

Mon âme a trop grandi dans la nuit maternelle :
Pour monter vers le jour, qu'il m'a fallu d'efforts !
Je voudrais être pur : la honte originelle,
Le vieux sang de la bête est resté dans mon corps.

Et je voudrais pourtant t'affranchir, ô mon âme !
Des liens d'un passé qui ne veut pas mourir.
Je voudrais oublier mon origine infâme,
Et les siècles sans fin que j'ai mis à grandir.

Mais je ne puis : toujours en moi vivra ce monde.
De rêves, de pensers, de souvenirs confus,
Me rappelant ainsi ma naissance profonde,
Et l'ombre d'où je sors, et le peu que je fus,

Et que j'ai transmigré dans des formes sans nombre,
Et que mon âme était, sous tous ces corps divers,
La conscience, et l'âme aussi splendide ou sombre,
Qui rêve et se tourmente au fond de l'univers ! (1)

Ajoutez qu'il a des visions merveilleuses. Il vit, comme M. de Banville, dans une féerie, mais dans une féerie triste, et à laquelle *il ne croit pas.* Voici un paysage de lune et de mer :

La nuit se déroulait splendide et pacifique ;
Nous écoutions chanter les astres et la mer,
Et nos cœurs éperdus tremblaient dans la musique :
Les harpes de David semblaient flotter dans l'air.

La lune montait pâle, et je faisais un rêve :
Je rêvais qu'elle aussi chantait pour m'apaiser,
Et que les flots aimants ne venaient sur la grève
Que pour mourir sur tes pieds purs et les baiser;

Que nous étions tous deux seuls en ce vaste monde,
Que j'étais autrefois sombre, errant, égaré,
Mais que des harpes d'or en cette nuit profonde
M'avaient fait sangloter d'amour, et délivré;

(1) L'*Illusion*.

> Et que tout devenait pacifique et splendide,
> Tandis que je pleurais, le front sur tes genoux,
> Et qu'ainsi que mon cœur le ciel n'était plus vide,
> Mais que l'âme d'un Dieu se répandait sur nous ! (1)

Et notez encore que cette poésie est extrêmement frissonnante et nerveuse (et par là elle peut rappeler celle de Henri Heine). Pour ce poète, toujours obsédé par l'idée du néant, l'instant de vie et d'amour qui nous est laissé prend une importance étrange. Il s'attache d'autant plus à son rêve, qu'il sait que ce n'est qu'un rêve et qu'il va s'évanouir tout de suite. Jamais l'antique « *Carpe diem !* » n'a été répété avec tant de passion. Je voudrais pouvoir citer le *Tourbillon* (2), qui est un chef-d'œuvre. Ce bouddhiste a des oppressions de sensualité. Il aime les parfums capiteux, le lourd vent d'été, la nuit féminine, la musique exaspérée des Tziganes. Et c'est encore à ses visions de néant que la musique le ramène. Comme les premiers vers de ce morceau sont sonores ! (non d'une sonorité de métal, comme ceux de M. Leconte de Lisle ou de M. de Hérédia ; mais il semble qu'ils soient comme animés, si j'ose dire, et vivants ; et l'on dirait que leur mur-

(1) *L'Illusion.*
(2) *Id.*

mure s'enfle, roule et grossit comme celui des vagues qui viennent vers nous). Et quels cris sublimes, d'extase à la fois et de terreur, vous trouverez dans la suite !

Les Tziganes jouaient un air
Sombre, plaintif et monotone,
Pareil aux clameurs de la mer
Sous les crépuscules d'automne.

Les violons, comme des flots
De tumultueuses pensées,
Semblaient rouler tous les sanglots
Des générations passées.

Dans un océan de douleurs,
Comme un noyé que fuit la rive,
Moi-même aussi versant des pleurs,
J'allais flottant à la dérive...

Dans mes yeux béants, l'avenir
Roulait déjà sa nuit profonde ;
Et le monde allait donc finir
Avec mes yeux, miroir du monde !

Le soleil, comme un Christ en croix,
Perdait son sang, perdait son âme,
Et, beau pour la dernière fois,
S'ensevelissait dans la flamme.

Et les yeux dans ses yeux de feu,
Je mourus : or, l'astre splendide
Hélas ! c'était le dernier dieu
Entrant avec moi dans le vide.

> Et les violons sanglotant,
> Chantèrent les douleurs, les gloires,
> Et la chute dans le néant
> De ces visions illusoires ! (1)

« Dieu ne fait pas de bruit », dit l'Écriture. Il arrive que les grands poètes n'en font guère non plus. M. Cazalis n'a point été gâté par ses contemporains. On sait assez qu'il y a du génie, çà et là, dans les vers de madame Ackermann. Mais qui donc sait qu'il y en a dans l'*Illusion* ? Je souhaite qu'on le sache plus tard. A vrai dire, rien ne m'en assure. Peut-être que tout à l'heure, à propos de madame Ackermann, j'ai montré trop de confiance dans la postérité. Elle aura beaucoup à faire ; elle ne sera point avertie ni renseignée. D'ailleurs, nous sommes nous-mêmes la postérité pour les poètes de jadis, et il s'en faut que nous les mettions tous à leur rang. Plusieurs de nos jugements sont bien singuliers... Du moins, M. Cazalis a sa conscience pour lui. Et puis, de l'aumône cachée, les croyants disent que Dieu la connaît. Je veux croire qu'il en est de même du génie méconnu, et qu'il y a un je ne sais quoi dans l'immanent qui est conscient des beaux vers.

(1) *L'Illusion.*

II

L'œuvre magistrale et la pensée de M. Leconte de Lisle ont contribué en quelque chose au développement de beaucoup de nos poètes ; mais il a ses disciples plus particuliers. C'est pour avoir lu les *Poèmes Antiques* que M. Anatole France, M. Frédéric Plessis, et çà et là M. Georges Lafenestre se sont épris de la Grèce et ont tenté de la faire revivre dans leurs vers. C'est pour avoir lu les *Poèmes barbares* que M. Léon Dierx s'est mis à décrire sombrement des paysages exotiques. Et l'influence de la versification et de la philosophie de M. Leconte de Lisle est très sensible dans l'unique recueil de M. Edmond Haraucourt, poète personnel d'ailleurs et vigoureux, à qui le mot de disciple ne saurait s'appliquer qu'au sens le plus large.

M. Anatole France n'a rien des âpretés de son maître. C'est avec une grâce exquise qu'il a chanté la Grèce agonisante. M. Renan pense que « la poésie doit consister désormais à célébrer la Grèce ». Il doit être content. Nos poètes la célèbrent beaucoup. Rien de plus intéressant que ce mouvement néo-hellénique inauguré par M. Leconte de Lisle.

Mais chez l'auteur des *Poèmes Antiques*, la piété pour la Grèce s'unissait à une véritable répulsion pour le sentiment chrétien. Sans doute, dans une belle pièce, trop peu citée, il s'incline devant le *Nazaréen* (1), et lui donne place dans son Panthéon (et il eût été singulier en effet que ce pessimiste se refusât tout à fait à comprendre la religion de la douleur.)

> O fils du charpentier, tu n'avais pas menti !...
>
> Car tu sièges auprès de tes égaux antiques,
> Sous tes longs cheveux roux, dans ton ciel chaste et bleu ;
> Les âmes, en essaim de colombes mystiques,
> Vont boire la rosée à tes lèvres de dieu !
>
> Et comme aux jours altiers de la force romaine,
> Comme au déclin d'un siècle aveugle et révolté,
> Tu n'auras pas menti, tant que la race humaine
> Pleurera dans le temps et dans l'éternité !

Et ailleurs encore il a magnifiquement salué le Christ :

> Figure aux cheveux roux, d'ombre et de paix voilée,
> Errante aux bords des lacs sous ton nimbe de feu,
> Salut ! l'humanité dans ta tombe scellée,
> O jeune Essénien, garde son dernier dieu ! (2)

(1) *Poèmes barbares.*
(2) *Dies Iræ* (Poèmes antiques).

Mais il a rarement de ces effusions. En général, il garde rancune au dieu nouveau. Il lui en veut d'avoir détrôné les Olympiens et assombri la vie humaine. La sympathie de M. Anatole France est plus large. S'il envie « la sécurité enfantine des âmes éprises de la vie terrestre, et qui se sentent à l'aise dans la nature divinisée » (1) il comprend d'autre part, très bien « l'inquiétude mystique d'où est née la religion nouvelle » (2). Et il l'aime pour la profondeur de la paix qu'elle donne à ses croyants. Il est épris tout à la fois de la douceur païenne et de la douceur chrétienne ; et ainsi il était mieux préparé que personne à dramatiser pour nous la lutte de la doctrine ancienne et du dogme nouveau dans la Grèce vieillie. Il l'a fait avec une singulière pureté de forme, dans ce beau poème des *Noces Corinthiennes*, qui, par delà les *Poèmes Antiques*, rappelle ceux du divin Chénier, avec moins de spontanéité et une science plus complète. Un jeune écrivain qui aime France avec ferveur, M. Maurice Barrès, a parlé de l'œuvre en bons termes : « ...Il y a là plus qu'une vierge sensible qui meurt de son amour froissé. C'est Hellas toute de joie exquise et de poésie à qui le

---

(1) Jules Lemaitre. Les *contemporains*, 2ᵉ série.
(2) *Id.*

dieu nouveau ne permet plus de sourire... Mais remarquons l'affectueux respect que France fait flotter autour de la figure de Jésus. Préoccupé du moyen âge, le romantisme de 1830 n'avait vu le Christ qu'à travers les rouges flambées de l'Inquisition,.. les œuvres et les pompes de la papauté. Dans la cathédrale il s'était arrêté aux pierres, aux sculptures, aux vitraux, au pittoresque; il avait salué distraitement l'autel. Hugo sortit de Notre-Dame pour n'y plus rentrer. Gautier dédaignait en Jésus le chef des grisâtres... France se tourne avec tendresse vers le Juif au doux sourire... »

Et, comme il aime le doux maître, il aime celles qui allèrent à lui d'abord. Nul n'a mieux parlé de ces pécheresses dont la foi nouvelle put seule apaiser l'âme avide et lassée. Il a chanté délicieusement Marie de Magdala, et surtout la *Leuconoé* d'Horace (1). Les pages où la courtisane cherche en vain le dieu qu'elle aimera, je crois bien qu'elles sont les plus parfaitement belles qu'un poète ait écrites en ce siècle; et je voudrais oser dire

(1) Oserai-je dire que les inquiétudes de la Leuconoé d'Horace ne me paraissent pas si mystiques qu'à M. France? (Cf. *Sylvestre Bonnard*). Leuconoé est une peureuse qui consulte les sorcières pour savoir quand elle mourra. Horace l'engage à n'y point penser, et à vivre. Qu'y a-t-il là de si compliqué? Mais nous lisons les anciens avec nos yeux de modernes.

qu'elles sont dignes de l'âme et du génie d'un Virgile :

Dans la troupe si douce aux âmes éphémères,
Elle choisit d'abord de ses regards en pleurs
Les amantes des dieux et les augustes Mères
Dont le cœur fut comblé d'ineffables douleurs :

La grande Phrygienne en hurlements féconds,
Et la Vénus en deuil près d'un enfant glacé,
Et cette bonne Isis qui cherche par le monde
Les membres précieux de l'époux dispersé.

Elles sont là debout, ces femmes éternelles,
Qui saignent à jamais des blessures du sort.
Quelle âme ne voudrait se confier en elles ?
Elles savent quel goût ont l'amour et la mort.

Puis voici, blanc troupeau dans la pâle prairie,
Leurs fils et leurs époux, les dieux adolescents,
Qu'aux jours mystérieux, sur la couche fleurie,
Les femmes vont pleurer dans la myrrhe et l'encens :

L'enfant Atys semblable aux vierges de Phrygie,
Depuis que sa main blanche a mutilé sa chair,
Lui qui, menant la sainte et frénétique orgia
Du bruit du tympanon remplit les monts et l'air,

Et qui sous les pins noirs de son antique amante,
D'un délire divin longuement transporté,
Par ses bonds, par les cris de sa bouche écumante,
Célèbre son impure et fière chasteté ;

> Et le jeune Barbare, astre clair du ciel Perse,
> Le radieux Mithra, seigneur aux mille noms,
> Qui, robuste et charmant, d'un poignard d'or transperce
> Le céleste taureau sous ses larges fanons ;
>
> Et l'Adonis fleuri tel qu'une belle plante,
> Chasseur qui se plaisait à poursuivre les daims,
> Mais dont le sang rougit la cuisse étincelante
> Sous la morsure, hélas ! d'un monstre aux pieds soudains.
>
> Il repose, baigné de cinname et de larmes ;
> Sur son corps la blessure ouvre un calice bleu ;
> Et Leuconoé goûte éperdument les charmes
> D'adorer un enfant et de pleurer un dieu... (1)

Mais ni Atys, ni Mithra, ni Adonis même ne remplissent son cœur. Elle reste inquiète. Elle rêve d'un autre Adonis plus triste et plus pur ; et elle se demande où et quand elle trouvera le maître souhaité. Je ne puis tout citer, et je le voudrais pourtant :

> Cherche, ô Leuconoé, va d'auberge en auberge
> Voir si le mage errant passe et n'apporte rien ;
> En quête de ton dieu, visite sur la berge
> Le Chaldéen obscur et le vil Syrien.
>
> Courbe ta belle tête aux pieds du Juif immonde.
> Ces impurs étrangers, humbles agitateurs,
> Que travaille en secret la haine du vieux monde,
> Sont tes bons conseillers et tes consolateurs...

(1) *Leuconoé* (à la suite des *Noces corinthiennes*).

> Un immense frisson passe dans la nuit sombre :
> Femmes, femmes, hâtez vos anxieux travaux,
> Et dans l'amas confus des visions sans nombre,
> Pressentez, suscitez, le roi des temps nouveaux !...

Je ne séparerai point de M. France M. Frédéric Plessis, qui est son ami et son émule. M. Plessis est un artiste extrêmement consciencieux. Il a mis quinze ans à parfaire un recueil (1) qui respire cet « immense amour des Muses » dont parle le divin Virgile. Il s'est nourri de tous les poètes. J'ai noté dans une seule de ses pages des souvenirs d'Horace, de Properce et de Rutilius. Il rappelle par la sobriété ces anciens qui lui sont chers, et pour la spiritualité, le mysticisme amoureux, la grâce, il rappelle les vieux Italiens, qu'il doit aimer aussi. Ce sonnet ne vous fait-il point songer à Pétrarque?

> Imprimant sur la face et sur la chair entière,
> Pour attester son œuvre, un doigt injurieux,
> La mort semble surtout, quand elle éteint les yeux,
> Avoir chassé l'esprit d'un trône de lumière.
>
> Vienne bien tard le jour que sous votre paupière
> S'éteindra le rayon qui me fit anxieux !
> Aveugle, en attendant ma guérison des cieux,
> J'ai, pour vous concevoir, besoin de la matière.
>
> Et je ne songe pas sans défaillir qu'un jour,
> Selon que le voudra le tout-puissant Amour,

(1) La *Lampe d'argile*.

> Avant mes tristes yeux vos yeux peuvent se clore :
>
> Je ne vous verrai plus que dans mon souvenir,
> Ce miroir que le temps sera prompt à ternir,
> Et que soupirs et pleurs obscurciront encore.

Comme M. Plessis, M. Georges Lafenestre unit l'amour de la grâce italienne à celui de la beauté grecque (1). Qu'il chante, au reste, l'Italie moderne ou la Grèce ancienne, qu'il dise les choses du monde physique ou celles de l'âme, son vers reste partout d'une noblesse et d'une pureté singulières; et lui aussi me fait songer à Chénier en même temps qu'à M. Leconte de Lisle.

M. Léon Dierx, l'auteur des *Lèvres closes* et des *Amants,* se montre le plus souvent l'élève de M. Leconte de Lisle ; et il se peut aussi que çà et et là il fasse pressentir M. Mallarmé. Ce n'est pas un poète très joyeux, ni non plus très clair :

> Le soupir qui s'amasse au bord des lèvres closes
> A souvent obsédé le calme où j'aspirais ;
> Comme un manoir hanté de visions moroses,
> J'ai recélé l'effroi des rendez-vous secrets... (2).

M. Mendès l'admire beaucoup : « Léon Dierx est véritablement un des plus purs et des plus

---

(1) Il a réuni ses deux recueils sous le titre d'*Idylles et Chansons.*

(2) Les *Lèvres closes.*

nobles esprits de la fin du xix⁰ siècle. Je ne crois pas qu'il ait jamais existé un homme plus intimement, plus essentiellement poète que lui.... Vous qui lisez et relisez l'œuvre de Léon Dierx, qui savez à quel point elle est délicieuse et haute, c'est à vous qu'il appartient de la répandre dans les esprits et de l'imposer à l'admiration de tous (2). »

J'ai lu et relu l'œuvre de M. Léon Dierx. Elle n'a point cessé de me paraître confuse et diffuse. Mais je me méfie de mon jugement, et j'ai voulu me mettre en règle avec ma conscience en citant quelques lignes du dithyrambe de M. Mendès.

Je comprends mieux, et de beaucoup, le mérite des vers de M. Haraucourt. — De M. Anatole France et de M. Georges Lafenestre, je disais que par delà M. Leconte de Lisle, ils me faisaient penser à Chénier. Par delà M. Leconte de Lisle encore, c'est au vieux Corneille que me font songer çà et là les alexandrins de M. Haraucourt, par la force et la roideur aussi, et si j'osais dire, par une certaine gaucherie robuste. — Me trompé-je, ou si vraiment ces vers sentencieux et nus rappellent ceux de l'*Imitation* ?

(2) La *Légende du Parnasse contemporain.*

> Chaque désir coupable est un pas vers la chute.
> L'austérité des bons devrait hurler d'effroi ;
> Car la volonté s'use aux longueurs de la lutte.
> La seule force humaine est d'avoir peur de soi.
>
> Il court tant de poison dans l'air que tu respires !
> Il entre tant de mal dans le bien que tu fais !
> Les meilleurs d'entre vous sont les frères des pires,
> Et votre probité confine à leurs forfaits (1)...

Mais la philosophie du poëte de l'*Ame nue* ne ressemble guère à celle du pieux traducteur de l'*Imitation*. Il dit les révoltes de l'âme moderne, non contre les dogmes religieux seulement, mais surtout contre les principes moraux (car c'est là aujourd'hui la question capitale, et il l'a très bien vu). Ces révoltes, M. Jean Richepin aussi les a voulu dire. Mais comme M. Haraucourt a plus de gravité et de poésie ! — Et il dit encore les tromperies de la nature, les pièges éternels dont l'espèce se sert à duper l'individu. Ces rimes-là ne sont point des jeux frivoles. Le poëte a médité Schopenhauer et Hartmann. Lisez cette excellente *Sagesse de l'Eunuque* :

> Femme, c'est pour un but que tes flancs sont pétris,
> Allah t'a faite utile, Allah te veut féconde,
> Mais il a refusé la splendeur des houris
> A ton sein déformé par le berceau du monde.

(1) L'*Ame nue*

Ton corps est laid, sans force, impur, lent au plaisir,
Mais jusqu'à l'heure auguste où l'œuvre se consomme,
Le mâle ne te voit qu'à travers son désir :
La beauté de la femme est dans les nerfs de l'homme.

Parce que la loi sainte a dit : Reproduisez !
Ton seigneur croit t'aimer et tu crois être aimée ;
Mais c'est le vœu d'en haut qui vous jette aux baisers
Et ta beauté finit quand la chair s'est pâmée... (1).

M. Edmond Haraucourt est un poète très riche en idées. On me dira que, des idées, il n'est point si malaisé d'en acquérir ; et qu'il n'est pas non plus si nécessaire qu'un poète en ait beaucoup. Mais, toutes celles qu'il a, M. Haraucourt les revêt d'une forme très haute et très fière. Et je crois bien que son *Ame nue* est ainsi l'une des œuvres poétiques les plus remarquables de ces dernières années.

III

Je voudrais, comme un autre, exprimer l'âme humaine,
La vie universelle et ses secrets accords,
Interroger le Sphinx, chercher quel Dieu nous mène,
Dérouler la Légende où revivent les morts ;

(1) L'*Ame nue.*

> Des sages Indiens rajeunir les symboles,
> Guider l'oarystis dans les frais sentiers verts... (1).

Ainsi « chante » ingénûment M. Jules Lemaître à ses débuts, mais en fait il ne fera rien de tout cela, ou presque rien, parce qu'il n'osera point, et qu'il aura trop de peur de se trouver ridicule. Il se contentera d'abord de chanter de petites chansons d'amour. Presque toutes ces chansons, il les commencera sérieusement et il les finira en se moquant. Serait-ce qu'il est fort gai de nature ? et n'aura-t-il pu tenir son sérieux ? Ou bien sa gaîté feinte cachera-t-elle des amertumes, et rira-t-il pour ne pas pleurer ? Rien de tout cela. Il se moquera pour se moquer, tout bonnement, et pour se bien prouver qu'il n'est point homme à prendre les choses au tragique. Il se moquera parce qu'il se croira engagé d'honneur à le faire, et qu'il craindra d'être « jeune » à ses propres yeux en ne se moquant pas. Et nous serons bien vengés, nous tous qui aurons pu redouter de lui paraître naïfs ; et nous nous réjouirons de voir qu'il a plus de peur que nous de son propre sourire... (2).

Mais avec le temps, une certaine confiance en

(1) Les *Médaillons*.
(2) Tout ceci se rapporte aux pièces des *Médaillons*.

lui même lui viendra. Il prendra conscience de son habileté d'artiste, qui sera très grande; et il l'emploiera à décrire en vers savants et sobres les hommes et les choses d'Alger. Ces vers égaleront, pour la beauté plastique, ceux des *Emaux et Camées*; et ils auront la pensée en plus. Cela s'appellera les *Petites Orientales;* et je veux vous en citer un morceau :

> Dans le café maure, immobiles,
> Et drapés de grands haillons blancs,
> On voit en passant des Kabyles,
> Assis ou couchés sur des bancs.
>
> Ils vivent, sans quitter la natte
> Où leur sagesse les cloua,
> D'un peu de kouskouss, d'une datte
> Et de trois gouttes de Kaoua.
>
> De lèvres en lèvres circule,
> Nourrice du rêve flottant,
> Une pipe où le haschich brûle,
> Et qu'un maigre Biskri leur tend.
>
> Chacun, tirant une bouffée,
> Sent plus d'infini sous son front,
> Car la pipe noire est la fée
> Du Nirvânâ vague et profond.
>
> Tels, satisfaits de leur partage,
> Usent leurs jours ces gens de bien,
> Qui, sans en penser davantage,
> De l'aube au soir ne disent rien.

> Cette idéale quiétude,
> Contemptrice de l'accident,
> Où n'atteignent que par l'étude
> Les pâles fils de l'Occident,
>
> Cette immobile indifférence,
> Où, parmi de croissants dégoûts,
> L'expérience et la souffrance
> Mènent les meilleurs d'entre nous,
>
> Cette paix divine où nos sages
> Ne parviennent que dévastés,
> Tous ces gueux aux calmes visages
> Du premier coup y sont montés.
>
> Et tandis qu'en proie aux névroses,
> Les philosophes de Paris
> Pour trop méditer sur les causes,
> Sont laids, ridés, et rabougris,
>
> Ces loqueteux, — défi suprême ! —
> Qui semblent, sans l'avoir cherché,
> Tenir le mot du grand problème,
> Sont beaux par-dessus le marché !

Avec le temps aussi, une grande douleur le touchera. Il ne songera plus à se moquer ; et il écrira de petites pièces psychologiques, dans la manière de celles de Sully-Prudhomme, extrêmement sincères et subtiles à la fois, où l'on sentira bien que la blessure du cœur est rendue plus douloureuse par la clairvoyance persistante du cerveau. Cela s'appellera *Une Méprise* (1) ; et je veux vous en citer une pièce :

> Parfois ma tendresse blessée
> Saigne et s'effraie obscurément
> D'un mot, d'un geste qui dément
> Son image en mon cœur tracée.
>
> Et je sens chanceler ma foi :
> Le tissu magique se brise
> Du voile qui l'idéalise
> Et que j'ai mis entre elle et moi.
>
> Mais voilà que la chère belle
> Me sourit : mes doutes s'en vont.
> Mon amour renaît plus profond,
> Car un peu de remords s'y mêle.
>
> Est-elle ce que je la fais ?
> O cœur ennemi de toi-même,
> Puisses-tu ne trouver jamais,
> Pauvre cœur, le mot du problème !

Un peu de temps encore, et M. Jules Lemaitre renoncera tout à fait à la poésie ; et ce sera dommage vraiment ; et il n'y aura d'autre moyen de s'en consoler que de relire sa prose.

Si M. Jules Lemaître a subi surtout l'influence de Sully-Prud'homme (dont il a vanté l'œuvre en

(1) A la suite des *Petites orientales*.

d'exellents vers), M. Auguste Dorchain l'a subie uniquement. M. Dorchain n'a donné jusqu'ici qu'un recueil : La *Jeunesse pensive*. Tout le long du livre, il se pose cette seule question : « s'il doit, ou non, perdre sa candeur, et s'il peut se permettre de consommer l'œuvre de chair en dehors du mariage? » Le « Baiserai-je, papa? » du jeune Diafoirus, c'est à lui-même que ce poète l'adresse, et il n'obtient pas sa propre autorisation. Les propos enflammés de D'Arcy à l'abbesse de Jouarre, c'est à lui-même que ce rimeur les tient, et il ne parvient point à se détourner du devoir. Ce n'est pas qu'il ne se donne de bonnes raisons : « Tu seras plus tranquille ensuite ; tu auras la tête moins lourde, et tu travailleras mieux. » Mais tout de suite après, il s'interrompt et se tance :

> Ah! sophiste éhonté, cœur fragile, âme lâche,
> Tu glisses, malheureux !

Ce cas de conscience a son intérêt, sûrement ; mais c'est beaucoup de l'agiter durant deux cents pages. J'attends de M. Dorchain une œuvre moins spéciale, et digne enfin du talent dont témoignent quelques pages de la *Jeunesse pensive*.

Plus que des scrupules de dilettante de M. Dorchain, je suis touché des douleurs d'enfant dont M. Amédée Pigeon, le poète des *Deux Amours*, a gardé un si profond souvenir. Que M. Dorchain résiste ou cède, et s'arrange comme il voudra; je ne m'attendrirai pas sur lui. Mais comme il m'émeut, l'enfant précoce et triste, en qui les sens parlent longtemps avant le jour où il les pourra satisfaire!

> Endormez nos petits enfants,
> Jusqu'à l'âge de quinze ans;
> Quand quinze ans seront arrivés,
> Il faudra les marier...

Ainsi dit une chanson du Gâtinais; et que la philosophie en est profonde! Par malheur, « nos petits enfants » ne dorment jamais jusqu'à quinze ans, et on les marie beaucoup plus tard. Qu'il est troublé, le cœur des adolescents! M. Amédée Pigeon a dit ces troubles délicieusement :

> Les femmes qui des champs reviennent les bras nus
> Sentent leurs mouvements suivis d'un œil avide.
> Le jeune homme rougit : l'enfant encor timide
> Sent son cœur défaillir et ses sens embrasés :
> *Les songes de la nuit seront pleins de baisers...*

Et il n'y a pas que les songes de la nuit. Il y a les longues rêveries du soir, à l'étude :

> Les plus jeunes, le front penché, les yeux humides,
> Sur les bancs écartés allaient tout seuls s'asseoir ;
> Ils méditaient longtemps sous la lampe le soir,
> Et leur candeur d'enfant se changeait en martyre.
> Qui de nous osera se rappeler et dire
> Tout ce qu'il a souffert à quinze ans, quels combats
> Les passions en lui se livrèrent tout bas,
> Ce qui fit qu'il n'a plus marché la tête haute,
> Le premier doute accru de la première faute,
> Et pour un cœur d'enfant de désirs consumé,
> La douleur de souffrir sans se sentir aimé ?

Ces chimères, ces froissements, ces tentations, ces scrupules, toutes ces grandes douleurs des petites âmes, nous les oublions vite ; et nul ne les avait chantées jusqu'ici. Mais M. Amédée Pigeon ne les a pas oubliées. Elles s'étaient déposées trop avant dans son cœur triste et tendre. Le livre, à la fois très pur et très maladif, où il les a dites, m'apparaît comme un « document » unique sur une certaine crise d'adolescence. Il est vraiment le livre de la quinzième année. Qui l'a lu enfant ne l'oubliera plus. Et il gardera à travers la vie sa piété pour le poète qui fut le confident de sa première tristesse.

Il y a plus de pensée dans l'œuvre de l'exquis et noble poète Charles de Pomairols, que M. Jules Lemaître a défini « un Sully-Prudhomme père de famille et campagnard. » Mais la forme chez lui a été lente à se dégager. Dans un recueil d'il y a quelques années (La *Vie meilleure*), il nommait le facteur

> Cet homme dont le mouvement
> Unit nos destins immobiles...

Comme il sait la vanité des choses, je ne le fâcherai point en lui avouant que cette périphrase m'a troublé longuement. Son dernier livre m'a conquis tout à fait. Chaque page ici, on le sent bien, est le fruit d'une journée de rêve et de pensée. Mille impressions se déposent dans l'âme du solitaire, recueillie et sérieuse, attentive à la nature et attentive à elle-même ; et il les note de façon noble et subtile. Il dit « la poésie de la propriété »; et qui ne l'a pas lu ne sait point en effet ce qu'est la possession, et quels sentiments délicats et complexes elle peut éveiller dans une âme bien née. Il dit aussi tous les rêves des hommes, car il est sage infiniment. Comme il sait bien que les choses en elles-mêmes ne sont rien, et qu'elles sont pour chacun de nous ce que nous les voyons, il s'exerce à se faire à des visions autres que la sienne. Comment les boulevards de Paris apparaissent-ils à quelque mélancolique boyard russe qui ne les a vus qu'un jour et qui les rêve la nuit, aux hurlements des loups, par la fenêtre de son isba? (La *Ville en fête*.) Comment un homme qui nous déplaît apparaît-il à sa mère qui l'aime? (*Bienveillance*.) C'est merveille de voir avec quelle intelligence et quelle sympathie le poète se penche ainsi sur les âmes :

> Ne vous éloignez pas de cet homme, et songez,
> Songez pour adoucir la répugnance amère,
> Combien il apparaît différent à sa mère!
> Sitôt que pour les yeux de votre âme aura lui,
> Prise au cœur maternel, cette image de lui,
> Avec ses traits si chers, avec son reflet tendre,
> Elle se dressera comme pour le défendre,
> Et, troublé tout à coup par le juste soupçon
> Que l'amour généreux peut-être a seul raison,
> Emu d'un haut respect pour la noble puissance,
> Qui, soutenant toujours l'enfant dès sa naissance,
> Le transfigure encore après l'avoir formé,
> Oserez-vous haïr un être tant aimé?

D'autre part il interroge les légendes des Grecs anciens (La *Nature Mythique*) et à force d'intimité avec elles, à force de sympathie et d'intelligence, il parvient à se refaire une âme grecque et à inventer des mythes à son tour :

> Et voici que mon rêve à son tour imagine,
> Suivant l'esprit sacré des âges fabuleux...

Il déroule l'histoire de Kallêméra (qui symbolise une belle journée interrompue tout à coup par un orage). Et, comme à l'aurore du monde, les Grecs ont chanté l'Aurore, il chante, lui, le premier, « la triste Hespéris, » la déesse du soir... Beaucoup de ces vers, je les égale à ceux mêmes de M. Sully. Je ne connais point de poète plus intelligent ni d'une âme plus haute que M. de Pomairols. Je n'en connais point qui pense plus et qui fasse penser davantage.

L'un des charmes de la dernière manière de M. de Pomairols, c'est peut-être (au moins çà et là, et dans la *Nature Mythique* surtout) que la langue, extrêmement simple et consciencieuse, comme celle de M. Sully, est relevée à dessein par un emploi très discret des expressions à effet magistral de Hugo. Je retrouve l'influence de Hugo près de celle de Sully chez un autre poète philosophe, M. Ernest Dupuy, l'auteur des *Parques*. L'emploi des procédés de Hugo est ici moins discret, et l'effet me paraît moins heureux. Mais le poème de M. Dupuy n'est, ni, pour la forme, sans mérite, ni, pour le fond, sans portée.

Et c'est ici sans doute qu'il convient que je cite le *Livre des âmes* de M. Zénon-Fière; et l'*Herbier* de M. Philippe Gille, qui est, comme on sait, un petit chef-d'œuvre de grâce et de sensibilité.

IV

Je qualifierai de philosophes quelques honnêtes gens qui se divertissent à imiter les dissertations, les prédications sociales et les rhétoriques du vieux Hugo, et je pense que la qualification est pour leur faire plaisir.

M. L. X. de Ricard, l'auteur de *Ciel, Rue et Foyer*, fit partie du groupe parnassien. Il s'est retiré en province il y a longtemps. — M. Gustave Rivet, l'auteur des *Voix perdues*, est aujourd'hui député. — M. Clovis Hugues (Les *Jours de Combat*, les *Soirs de Bataille*) est député aussi (1). Celui-là déroule ses tirades romantiques et socialistes avec des fougues de méridional. Il y met une verve qu'il serait puéril de nier, et qui a quelque chose de lyrique. Je me plais à ses solennités et à ses grandilo-

(1) Un autre député, M. Georges Leygues, a donné deux recueils intéressants, le *Coffret brisé* et la *Lyre d'airain*. — Je mentionnerai ici, un peu pêle-mêle, les vers de M. Frédéric Bataille (*Une Lyre*, le *Vieux Miroir*), ceux de M. Marc Bonnefoy, ceux de M. Raoul Lafagette (*Pics et Vallées*, les *Aurores*), et un intéressant poème de M. Bertrand Robidou, *Elohim et Juveh*.

quences; et j'ai si bonne opinion de lui que je le soupçonne de se moquer un peu de nous. — On pourrait rattacher à ce groupe M. Armand Renaud, pour ses *Drames du peuple*, et M. Emmanuel des Essarts pour ses *Poèmes de la Révolution*. Mais, si M. Emmanuel des Essarts imite souvent Hugo, il faut ajouter, tout d'abord, qu'il l'imite du mieux qu'il se puisse :

> République des Bons, ouvre tes larges bras !
> Ces miracles d'amour, c'est toi qui les feras
> Dans l'avenir où tout s'apaise,
> Fort comme un Montagnard, beau comme un Girondin,
> An désiré, prochaine éclosion d'Eden,
> O dix-neuf-cent-quatre-vingt-treize !

Il faut ajouter surtout que l'influence de Leconte de Lisle et de Banville n'est pas moins sensible chez lui que celle de Hugo ; et que sa facture est bien supérieure à celle des poètes précédents.

Je rangerai aussi M. Jean Rameau parmi les philosophes, et ce sera l'un des étonnements de ma vie. Mais quoi ! ses vers sont tout pleins de cosmogonies. Il développe assez souvent des lieux communs de métaphysique ; et il a fait beaucoup d'alexandrins comme ceux-ci :

> Pan, Hasard, Tout, Néant, Force, Grand Etre épars,
> Cause première, Corps immense, Esprit, Matière...

Au reste, jamais poète n'eut de telles émotions. M. Jean Rameau a senti sous son front « comme un grand astre chaud » ; l'astre a grandi ; le crâne de M. Rameau a éclaté, et M. Rameau tout entier ; il s'est dilaté, dilaté ; il a été tout l'univers ; et puis, une main a pesé sur lui, l'a comprimé, comprimé, aplati et refaçonné et rajusté ; et il est redevenu M. Jean Rameau. De ces aventures-là, il en reste toujours quelque chose. M. Jean Rameau voit la nature d'étrange façon. Dans ses poèmes,

Bêtes, gens, plantes, vers, firmaments, infusoires,

tournent tous en sarabande. Les arbres ont « d'effrayants biceps dans leurs ramures » ; ils en profitent pour fouailler les « astres » comme des chiens. Les astres, à leur tour, ont des batailles entre eux, puis se jettent sur Dieu pour le rouer de coups...

Toujours il est monté à ce ton ; toujours il s'exclame et se démène. Les spécialistes disent qu'on est énergumène avec un démon et démoniaque avec plusieurs. M. Jean Rameau est sûrement démoniaque. Avec un moindre tempérament poétique, il a quelque chose de la folie d'hyperboles d'un Cyrano. N'est-ce pas M. de Wizewa qui a dit que ses poèmes semblaient la parodie de tous les poèmes antérieurs? Le mot est juste et vaut qu'on s'y tienne.

Et je pourrais faire de M. Déroulède un philosophe aussi. Car si l'on se donne pour mission de pousser les hommes à la frontière, ce ne peut être qu'en raison d'une certaine notion du devoir. Mais y a-t-il nécessité à ce que je parle de M. Déroulède (1)?

(1) M. Déroulède est un chansonnier plus qu'un poète. — Il en est de même, je crois, du monologuiste Jacques Normand (encore qu'il n'ait point fait de chansons). — Parmi les chansonniers de profession, je citerai le vieux Nadaud, J.-B. Clément, l'auteur de la jolie et singulière *Chanson des Cerises*, Jules Jouy, Mac-Nab, Meusy, etc.

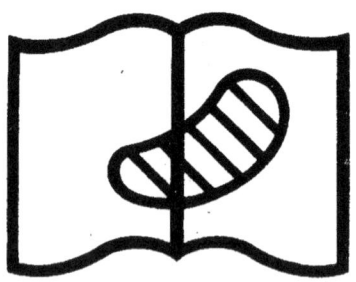

Original illisible
NF Z 43-120-10

IV

LES LYRIQUES

MM. ARMAND SILVESTRE. — LAURENT TAILHADE. — ROBERT DE LA VILLEHERVÉ. — RAYMOND DE LA TAILHÈDE.

Nous avons trois ou quatre chanteurs ingénus parmi nous, dont les vers sont encore moins lus que ceux des autres. Ces chanteurs ont des visions éclatantes et des illusions merveilleuses, à la façon des anciens aèdes sacrés, et des petits enfants. A propos de M. de Banville, je les ai nommés ses élèves; et peut-être que j'ai eu tort. Ils ne sont point, à vrai dire, les élèves de M. de Banville, ni de personne. Mais ils ont en eux l'âme enfantine et divine du poète des *Exilés* et du *Forgeron*. Ils se passent de la pensée, complétement ; et c'est par là surtout qu'ils me charment. Et s'ils ne pénètrent point les âmes, ils n'aperçoivent pas non plus les corps. Ce qu'ils décrivent ne ressemble à rien de ce que nous voyons sur terre. Ils vivent dans une atmosphère enchantée, au travers de laquelle les objets se transfigurent, et deviennent uniformément splendides. O les poètes admirables ! Ils ne connaissent point la tristesse ; et ils ne connaissent pas davantage l'esprit ni la gaieté. Mais ils ont la joie sereine et l'extase que donne la contemplation des spectacles magnifiques. Cette joie, leur chanson en est toute pénétrée ; et par là elle console, exalte et réjouit ceux à qui « l'esprit fait mal », comme Baudelaire disait, et que la gaieté même attriste. Ce devait être un poète comme eux que le rossignol de Tennyson écoutait avec surprise :

> And the nightingale thought: I have sung many a song,
> But never a one so gay,
> For he sings of what the world will be,
> When the years have died away (1).

(1) Et le rossignol pensa : — J'ai chanté beaucoup de chansons, — mais jamais une aussi joyeuse, — car il chante de ce que sera le monde — quand les années seront finies.

Et puisque nulle chanson n'est si joyeuse que la leur, c'est d'eux seulement qu'il convient de dire qu'ils ont du génie. Quiconque est comme moi triste et inquiet, en quoi son état d'âme est-il supérieur au mien ? Le génie vrai, c'est d'être heureux. Et c'est pourquoi, reprenant à mon compte un mot de Châteaubriand, je dirais volontiers de ces chanteurs qu'ils possèdent « le seul talent incontestable dont le ciel ait fait présent aux hommes. »

I

De ces chanteurs, M. Armand Silvestre en était, alors qu'il n'était pas encore devenu le conteur que vous savez. Dans ses grands vers harmonieux, resplendissants et monotones (Les *Renaissances*, la *Gloire du Souvenir*, les *Ailes d'or*) les choses du monde physique étaient simplifiées plus hardiment que dans ceux mêmes de M. de Banville. Une dizaine de beaux mots *(lys, rose, sang, couchant, soleil, étoile)* y revenaient perpétuellement. Cela faisait toutes les pièces à ce point semblables que le poète lui-même ne s'y reconnaissait plus, et que, dans les *Ailes d'Or*, il en a répété une deux fois sans y prendre garde...

II

M. Laurent Tailhade me paraît plus uniforme encore que M. Armand Silvestre et, pour tout dire, assez peu divertissant dans le seul recueil qu'il ait publié (Le *Jardin des Rêves*). Mais, depuis son recueil, j'ai vu de lui, dans les revues, de beaux sonnets, qui me font espérer un livre plus original. En voici un, splendide et singulier, où je pense que vous vous plairez. Il est d'une langue à la fois magnifique et douteuse, comme à demi décomposée déjà ; et avec l'imagination joyeuse et merveilleuse de M. de Banville, vous y trouverez une façon de perversité baudelairienne ou décadente.

Ton col surgit du sein comme une tour d'ivoire,
Jeune homme ! Les anneaux sombres de tes cheveux
Flottent sur sa pâleur, liquides et plus bleus
Que la Nuit aux yeux d'or en sa robe de moire.

Sous le maigre habit noir, tes flancs purs et nerveux
Des marbres consacrés éternisent la gloire,
Et ta bouche sanglante est le tiède ciboire
Où revit la senteur des chrêmes fabuleux.

Ton beau corps cependant, aux lignes cadencées,
Jamais n'assouvira l'amour des fiancées ;
Tes larges yeux, pareils aux gouttes de la mer,

Ne descendront jamais de leurs ciels poétiques
Où rêvent, fraternels, les éphèbes antiques
Et Narcisse au grand cœur qui mourut de s'aimer (1)

III

Pas plus que les poètes qui précèdent, M. Robert de la Villehervé ne tient grand compte du monde réel. Il vit les yeux fixés sur une vision délicieusement anachronique, où se confondent des choses

---

(1) Voici un autre sonnet de M. Laurent Tailhade, qui n'est pas moins beau que le premier :

Dans le nimbe ajouré des vierges byzantines,
Sous l'auréole et la chasuble de drap d'or,
Où s'irisent les clairs saphirs des Labrador,
Je veux emprisonner vos grâces enfantines.

Vases myrrhins ! trépieds de Cumes ou d'Endor !
Maître-autel qu'ont fleuri les roses de matines !
Coupe lustrale des ivresses libertines,
Vos yeux sont un ciel calme où le désir s'endort.

Des lis ! Des lis ! Des lis ! O pâleurs inhumaines,
Lin des étoles ! cœur des froids catéchumènes !
Inviolable hostie offerte à nos espoirs !

Mon amour devant toi se prosterne et t'admire,
Et s'exhale avec la vapeur des encensoirs,
Dans un parfum de nard, de cinname et de myrrhe !

de l'antiquité et d'autres du moyen âge, où Erôs est un « enfançon »; où les pages blonds se mêlent aux Océanides, où les chevaliers portent des lyres, où les femmes sont à la fois des « nymphes au profil achaïen » et des « châtelaines » (1).

Tout cela n'est que charmant (et absurde aussi, diront les personnes sages), et ne suffirait point à faire de lui un grand poète. Il en est un pourtant, pour avoir écrit cet étrange et merveilleux poème de la *Nuit* (2) que j'égale, pour ma part, aux plus beaux de M. de Banville. C'est un hymne magnifique et confus en l'honneur de la Nuit et de l'Amour. Lisez ce début, et dites si vous en connaissez qui aient plus de largeur et de majesté :

Telle, j'aime évoquer la Nuit, dans les magies,
Parmi les déités qui, du ciel bleu surgies,
Chantent les mètres saints des incantations,
Et je la vois divine et nue, oh ! toute nue,
Sous l'œil indifférent de la lune cornue
Paraître, ses deux mains pleines d'illusions !

Et telle je l'admire, et telle je la prie
Moi qui, fils primitif d'une terre appauvrie,
Et païen réjoui de la seule Beauté,
Ai ce dessein d'écrire en rimes inouïes,
Plus rares que les fleurs aux monts épanouies,
Un chant où je saurais peindre sa nudité !

(1) *Premières Poésies.*
(2) La *Chanson des Roses.*

O Nuit ! Consolatrice unique ! Charmeresse
Dont l'accueil est sourire et le départ caresse !
Nuit qui sèmes l'azur d'astres vertigineux,
Et qui berces l'espoir des hommes ! Nuit sacrée,
C'est pour toi qu'en mon œuvre entré, mon esprit crée
Cette ode loin du bruit et des combats haineux !

Car voici, dans l'éther sans bornes qui se creuse
Comme un dais au-dessus d'une couche amoureuse,
Que s'allument déjà les mondes par milliers,
Et que les univers, derniers-nés des Genèses,
Brûlant, rouges encore au sortir des fournaises,
Jusqu'au fond noir du ciel se sont multipliés.

Tout dort, étangs, déserts, et les bois et les villes.
Les monstres indomptés et les foules serviles
Reposent. C'est l'instant du grand recueillement.
Seule, au sextuple fouet des tempêtes donnée,
Ainsi qu'une maudite à jamais condamnée,
La Mer, la triste Mer, gronde lugubrement.

La colère de l'onde énorme la hérisse,
Et vaincue et tragique, en un sombre caprice,
Elle crache sa rage aux nuages ailés.
Qui donc, pour que son deuil illimité s'apaise,
Calmera l'ouragan qui la blesse et lui pèse ?
C'est toi, Nuit ! Nuit clémente à tous les désolés !

Et voyez : elle vient véritable ! elle plonge
Un pied dans l'eau du golfe implacable où s'allonge
En sa folie, en son orgueil, en son courroux,
La vague échevelée et farouche... — O merveille !
L'écume devient femme et le troupeau s'éveille,
Des filles aux yeux verts dont les cheveux sont roux !

Toutes ces déesses de la nuit, le poète les a guettées. La voyez-vous passer encore dans ses yeux, l'extase des visions anciennes qu'un souvenir lui refait présentes?

> L'art humain est un art grossier;
> Je garde encore en mon oreille
> Le concert que sous le glacier
> Mène l'ondine aux lys pareille...
>
> J'ai vu dans des heures anciennes
> Partir ainsi vers leurs amants
> Les célestes Musiciennes
> Que nous volent les lacs dormants.
> Dans la fraîcheur des firmaments
> Leurs yeux jettent des étincelles,
> Et leurs voiles de diamants
> Les emportent comme des ailes.....

Car les Immortelles doivent aimer comme les femmes. Et voilà que tout à coup le poète s'adresse à l'Amour, roi des vivants et des morts. Son apostrophe est très belle, et n'est pas très claire.. Vous ne sauriez trop dire s'il le bénit ou s'il le maudit (mais à nous-mêmes, qui ne sommes point poètes, il arrive de n'avoir pas des idées très nettes là-dessus). — Puis, cette idée lui vient que des femmes, pourtant, n'ont pas aimé. Celles-là sans doute en sont punies d'un remords éternel. Et le poète développe cela en des strophes d'un emportement aussi superbe, et d'une aussi abondante ivresse lyrique que tout ce qui a précédé depuis le début. Seulement, il devient de plus en plus malaisé de le suivre... Ce poème, incomparable d'élan et de richesse, est sûrement, à qui le veut comprendre au juste, un poème difficile. J'allais vous dire que je ne connaissais rien de si obscur dans notre poésie (les décadents mis à part). Mais tout de suite l'idée me vient que cette obscurité n'est autre que celle du divin Pindare. Elle gît en ceci seulement que le poète, possédé de la fureur lyrique, s'abandonne brusquement à telle image qui se présente à son esprit, la prolonge, la grossit, et revient à son point sans avertir. Je veux vous donner un exemple. M. de la Villehervé a dit que les dédaigneuses seront punies plus tard par l'Amour, et qu'elles connaîtront dans l'autre vie

> Le sauvage appétit et le désir de l'Eve
> Eternelle, dont l'âme est telle qu'un jardin...

L'image lui est venue par aventure, à la fin d'une incidente, assez mal à propos, à ce qu'il semble d'abord, et peut-être pour rimer avec *dédain*, qui est plus haut. Voyez maintenant comme elle saisit le poète et l'obsède, et quelle importance elle prend dans les étranges strophes qui suivent; et dites si vous connaissez rien de plus pindarique (au sens rigoureux) :

Quelle terre en effet, parmi celles qu'on vante,
Comme nous le voulons, rit à la fleur vivante,
Qu'on dirait un bijou sculpté par Cellini,
Et, riche de parfums, d'ombres et d'étincelles,
Donnant les diamants au fleuve, au bois les ailes,
Dans les réalités prodigue l'infini ?

Quelle terre assoupie aux chansons des fontaines,
Jusque sous les remparts idylliques d'Athènes
Tapisse du velours des mousses les sentiers,
Et pour les gnômes fous, pas plus longs que le pouce,
Avec un art subtil que le bon sens repousse,
Cache des berceaux d'or au sein des églantiers ?

O femmes! ce n'est pas une Atlantide vague
Qu'une falaise ceint et qu'enchaîne la vague
Sous l'éblouissement du grand ciel indigo ;
Ce n'est pas la Colchide avare, au loin gardée
Où le monstre vomit des flammes, où l'Idée
A travers les flots noirs lance la nef Argo.

Et ce n'est pas non plus la Thulé solitaire,
Ni l'île ambrosiaque où la blonde panthère
Chère à Cypris pleurait d'amour sous les rosiers.
O femmes! c'est votre âme à la vingtième année,
Votre âme! — et vous criez, car elle s'est fanée!
Rappelez-vous pourtant de quel front vous passiez.

Qu'imaginiez-vous donc, ô sottes créatures,
Lorsque sous les arceaux et les architectures

Vous traîniez à pas lents votre ennui respecté?
Le paradis était en vous ! C'est votre vie
Qui s'épanouissait en sa flore ravie.
Ne le saviez-vous pas, pour l'avoir déserté?

Où donc les cherchiez-vous, les plaisantes féeries ?
Vous aviez les brocarts chargés d'orfèvreries,
Et les satins pesants qui chantaient sur vos pas.
Vous aviez la beauté que jamais on n'oublie,
Vous étiez Rosalinde et vous étiez Célie :
Pour n'avoir pas aimé ne le saviez-vous pas?

Si vous n'avez point pris garde à l'incidente de tout à l'heure, vous n'entendrez rien à ce développement (et je ne dis pas que vous entendrez tout, même si vous l'avez remarquée.) — Mais le poète continue. Il dit les tristesses de la vie solitaire, et voici qu'à travers son délire, une émotion humaine perce enfin dans sa voix :

Mais être seul toujours, et n'avoir d'autre étude
Que de se contempler en cette solitude ;
Ne trouver que son ombre au détour des chemins,
Et vivre sans un cœur autre qui vous attende,
Sans voix qui vous console et sans main qui se tende
Alors que vous tendez les mains ;

Ne pas désirer l'heure après l'heure présente,
L'épaule où reposer sa tête languissante,
Le front où l'on lirait son rêve ranimé,
Pour un triomphe vain fuir un triomphe insigne,
Nul, n'ayant pas connu l'amour, ne s'y résigne :
Qui le pourrait, ayant aimé ?

> La Nuit même, la Nuit, l'Éternelle proscrite
> Que, dans l'azur profond où l'orage s'irrite,
> Ton chant, Philoméla, suit douloureusement,
> La grande solitaire est une enamourée
> Qui, tout entière, à des amants qu'un songe crée
> S'offre pour un embrassement !

Et l'hymne se poursuit longtemps encore, multiple et vague ainsi que sont les paroles du vent, riche et sombre à la fois, obscur et splendide comme les nuits d'étoiles, et troublant aussi comme elles... — Vais-je trop loin ? Il me semble que ce que Ronsard voulait, et n'a tenté qu'en vain, ce dont les classiques ont parlé toujours sans le faire jamais, M. de la Villehervé l'a réalisé ici, et qu'il a restitué l'ode grecque primitive en entier, avec sa langue presque inaccessible au vulgaire, la hardiesse de ses transitions, et toutes ses libertés d'allures. Il a vraiment l'enthousiasme et l'obscurité des inspirés anciens, le *furor arduus* dont parle Stace. Son œuvre entraînante et difficile est propre à la fois à émerveiller les âmes jeunes et à exercer les vieux commentateurs. Elle est ce qui parmi nous se rapproche le plus des poèmes de Pindare et des chœurs des Tragiques.

IV

Ce n'est que par les revues que je connais l'œuvre d'un poète plus jeune de beaucoup, M. Raymond de la Tailhède, dont les vers sont d'une sensualité troublante et d'une mystérieuse beauté :

> Car les Vierges y vont, mystiques, deux à deux,
> Et les Adolescents ne savent que se taire...
> . . . .
> Voici, dans le chemin bleu de volubilis,
> Venir Celles qui vont aux fêtes nuptiales ;
> Voici venir, avec des hampes liliales,
> Les Garçons couronnés d'aurores et de lis...

M. Raymond de la Tailhède annonce un recueil intitulé les *Triomphes*. Il en a publié le prélude, qui me paraît un poème admirable et adorable, presque unique de grâce à la fois et de magnificence. C'est une manière de diptyque. Le premier tableau représente l'arrivée d'Héliogabale à Rome ; le second, l'entrée de M. de la Tailhède dans la poésie française.

> Un matin de printemps, plein de vives clartés,
> Etant le Syrien aux blondes boucles molles,
> J'entrai dans la Cité maîtresse des cités.

Par la route fleurie, aux mille banderoles,
Mes soldats apportaient des vases précieux
Et des trésors trouvés au fond des nécropoles.

Puis, venait un essaim de garçons gracieux,
Jetant à pleines mains des lys, des hyacinthes,
Et dont le jeune amour enflammait les beaux yeux.

On voyait sur des chars les images très saintes
Des dieux que l'on révère et dont on craint les noms,
Graves ou bienveillants sous leurs figures peintes.

On entendait au loin le son des tympanons,
Les chants accompagnant sur des airs de cithares
Les danseurs réunis en multiples chaînons.

Sur des sables d'azur et d'or, les parfums rares
Tournoyaient dans les larges coupes, lentement,
Endormeurs comme les douceurs des fleurs barbares.

Bercé dans la langueur de cet enivrement,
Je m'avançais, drapé de pourpre orientale,
Ainsi qu'une maîtresse allant vers son amant.

Devant ma grâce et ma jeunesse virginale,
D'un cri d'amour qu'un cri de victoire interrompt,
Rome entière acclamait la marche triomphale.

Par l'étrange splendeur des perles de mon front,
Par l'éblouissement de ma poitrine nue,
Ma gloire surpassait la gloire de Néron,

Et les peuples chantaient lorsque je suis venue...

— Tel, et plus glorieux qu'en ces jours très anciens,
Je reviens, pour avoir un beau triomphe encore,
Avec la royauté des vers magiciens.

Les poètes marchant du côté de l'aurore
Font briller les saphirs et les rouges coraux
Pour fêter le Seigneur que le rêve décore.

J'évoque la clarté dans les cieux sidéraux,
Je suis resplendissant comme les nuits sans lune,
J'ai la noblesse et la vaillance des héros.

Les Vierges déroul.nt leur chevelure brune,
Les Vierges se voilant dans l'or des cheveux d'or,
Implorent ma bonté pour que j'en admire une.

Mais, dans un grand palais, loin du Sud et du Nord,
Près d'un lac où l'éclair des mondes se reflète,
J'écoute un air troublant qui m'éveille et m'endort.

Et de jeunes garçons fleuris de violette
Célèbrent en cadence Erôs libre et vainqueur
Dont les yeux sont cachés par une bandelette.

Tout l'orgueil d'autrefois a ressaisi mon cœur ;
Et l'harmonie a des douceurs si précieuses
Que mes vers vont chanter avec l'hymne du chœur.

Et ce sera le jour des strophes fabuleuses
Du poème, trésor magique de beauté,
Car j'aurai fait parler des voix mystérieuses.

> Dans le ciel fleurira la rose de l'été,
> L'Aurore, et couronné divinement par elle,
> Grand par ma poésie et grand par ma fierté,
>
> J'entrerai radieux dans la Gloire Éternelle.

Ces vers (et les autres du poète) me font songer tout ensemble à Leconte de Lisle (pour l'attitude olympienne), à Banville (pour la joie lyrique), à Verlaine (pour les perversités). Mais le mélange est bien caractéristique, et je ne sais rien de plus curieux que cette manière à la fois frissonnante et impassible. Les vers par où débute M. Raymond de la Tailhède sont d'une poésie infiniment bienfaisante et troublante ; et ils débordent de fiertés et d'orgueils. Ils sont pleins de promesses, en tous les sens.

Cet adolescent merveilleux, j'ai plaisir à lui souhaiter le premier la bienvenue. Sûrement, il est marqué du divin signe. Il sera quelque jour un grand poète... — Mais ne me jugez-vous pas bien timide? et ne pensez-vous point, après l'avoir lu, qu'il en est un déjà?

V

LES BAUDELAIRIENS

MM. GEORGES RODENBACH. — ÉMILE VERHAEREN. — STANISLAS DE GUAITA. — ALBERT JHOUNEY. — LOUIS TIERCELIN. — LOUIS LE CARDONNEL. — CHARLES CROS. — PAUL GUIGOU. — MAURICE ROLLINAT. — JEAN RICHEPIN. — FERNAND ICRES. —. ÉMILE GOUDEAU. — TANCRÈDE MARTEL. — PAUL MARROT. — RAOUL PONCHON. — MAURICE BOUCHOR.

L'influence de Baudelaire a été grande en ces dernières années. Il a eu des imitateurs bien différents ; et je crois qu'il les méritait tous. Il y avait en lui un artiste subtil et savant, d'esprit mystique et de nerfs délicats. Il méritait d'avoir pour émule M. Rodenbach (et M. Verlaine aussi, dont je parlerai à part.) Il y avait un « fumiste » compliqué, épris de plaisanteries macabres, et de toute une diablerie qui peut réjouir. Il méritait d'avoir pour héritier M. Rollinat. Il y avait enfin une manière de charlatan, soucieux d'étonner par des moyens faciles, coutumier d'effets de brutalité sans intérêt, amoureux de scandale (1). Il méritait d'avoir pour élève M. Richepin.

D'après la légende indienne, tous les hommes sont fils de Brahma, mais le dieu fit sortir les prêtres de son front, les guerriers de ses entrailles et les parias de ses pieds. Ainsi, encore que tous les Baudelairiens soient nés de Baudelaire, ils ne sont pas pourtant de même lieu ; et pour quelques-uns seulement cette origine est un titre de noblesse.

I

M. Georges Rodenbach m'apparaît avant tout comme le poète des villes, et mieux, du mystère des villes. Que les villes soient mystérieuses à

(1) Le *Vin de l'Assassin*, etc. La *Charogne* même, qui n'est que le meilleur des morceaux de ce ton.

l'égal de la campagne, nos poètes ne l'ont guère senti. Sainte-Beuve célébra Paris et la banlieue, mais la forme, chez lui, ne valait pas les intentions. Baudelaire a fait des *Paysages Parisiens*, mais gâtés par je ne sais quelle préoccupation réaliste et quel choix systématique des laideurs. Les petites descriptions de M. François Coppée sont de merveilleuses réussites, mais elles ne contiennent pas de rêve ; et celles de M. Albert Mérat n'en contiennent guère. Vraiment, on eût dit que les choses des villes ne pouvaient être vues que de façon précise et sèche. La ville a pourtant, le soir surtout et la nuit, ses lointains, son indéfini et son infini, son mystère. Hugo seul le soupçonna un jour :

> . . . . Paris et la foule ont aussi leur beauté,
> Et les passants *ne sont le soir sur les quais sombres*
> *Qu'un flux et qu'un reflux de lumières et d'ombres.* (1)

Ce n'était qu'une indication, mais curieuse. Elle ne fut guère comprise. Et la ville attendit longtemps son poète, — l'ancienne ville étrange et touffue, pleine de recoins et de détours, plus troublante que la forêt. Elle l'a trouvé aujourd'hui.

(1) *Feuilles d'automne.*

O la mélancolie de l'heure pâle où s'allume le gaz ! et les tristesses des ruelles nocturnes où l'asphalte miroite de pluie sous les réverbères ! M. Rodenbach les a connues le premier, et ses vers en sont pleins. Ame inquiète et vibrante à l'excès, il a mieux que personne senti le charme douloureux des vieux murs au fond des vieilles rues, et dit la tristesse des canaux de nuit éclairés par des lanternes, et dégagé l'âme du peuple « éparse au fond des terrains vagues ».

> Quand le soir descendait, le soir attendrissant,
> Des amants chuchoteurs allaient le long des berges ;
> Des bruits d'orgue venaient des lointaines auberges,
> Et la lune attristait comme un portrait d'absent.
>
> Or, ces orgues pleurant parmi les vapeurs bleues
> Du brouillard qui semblait l'haleine de la nuit,
> Ces orgues dont l'espace alanguissait le bruit,
> C'était la voix dolente et l'âme des banlieues ;
>
> L'âme des quartiers morts et des pauvres enclos,
> L'âme éparse du peuple au fond des terrains vagues,
> Du peuple tristement joyeux, pareils aux vagues
> Dont l'écume chantante est pleine de sanglots ;
>
> L'âme des vagabonds, des forains sans asile,
> Et des vieux chiens perdus par les chemins lépreux,
> Où des flaques d'eau morte ont un air douloureux
> Comme des yeux crevés d'où le soleil s'exile!

> Oh ! ces orgues, le soir, par les lointains faubourgs,
> Rythmes plaintifs cognant les vitres des lanternes,
> Et venant consoler, près des mornes casernes,
> L'âme des déserteurs pleurant dans les tambours ! (1)

Et ceci ne fait-il pas penser à l'étonnant Dickens ? (car cette poésie, les Anglais la connurent avant nous.)

> Oh ! les canaux bleuis à l'heure où l'on allume
> Les lanternes, canaux regardés des amants,
> Qui devant l'eau qui passe échangent des serments
> En entendant gémir les cloches dans la brume.
>
> Tout agonise et tout se tait : on n'entend plus
> Qu'un très mélancolique air de flûte qui pleure,
> Seul, dans quelque invisible et noirâtre demeure
> Où le joueur s'accoude aux chassis vermoulus !
>
> Et l'on devine au loin le musicien sombre,
> Pauvre, morne, qui joue au bord croulant des toits ;
> La tristesse du soir a passé dans ses doigts,
> Et dans sa flûte à trous il fait chanter de l'ombre. (1)

Remarquez que les villes, et les villes belges surtout, que chante M. Rodenbach, ont de vieilles cathédrales, des beffrois, des monuments de toute

---

(1) *La Jeunesse blanche.* (C'est le recueil le plus récent et le meilleur de M. Rodenbach. Il a donné en outre les *Tristesses*, la *Mer élégante*, l'*Hiver mondain*.)
(1) *La Jeunesse blanche.*

sorte. Les cloches y sonnent longuement. Elles sont les gardiennes des souvenirs. Le moyen âge est encore vivant dans leurs vieux hôtels, et M. Rodenbach l'a dit magnifiquement :

> Et tous ces vieux hôtels sont vides et sont ternes :
> Le moyen âge mort se réfugie en eux :
> C'est ainsi que les soirs le soleil lumineux
> Se réfugie aussi dans les tristes lanternes.
>
> O lanternes, gardant le souvenir du feu,
> Le souvenir de la lumière disparue,
> Si tristes dans le vide et le noir de la rue
> Qu'elles semblent brûler pour le convoi d'un dieu !... (1

Aussi, l'amour profond de la vieille ville familière et mystérieuse s'unira tout naturellement au culte de la tradition et du passé. M. Rodenbach est, en effet, catholique ; et son catholicisme est un peu extérieur et décoratif. Il chante volontiers les processions, les cérémonies du culte, et il en reçoit surtout des impressions nerveuses, à la façon des femmes. Mais ces impressions sont très sincères et très intenses. Dans ces pièces-là comme dans les autres, je ne connais pas de poésie qui soit moins que la sienne artificielle et « livresque » et qui semble sortir plus naturellement d'une âme

(1) La *Jeunesse blanche*.

de poète. Je le classe ici parmi les Baudelairiens ; et il se peut qu'il soit, en effet, dans le temps, l'imitateur de Baudelaire. Mais s'il est vrai que les choses imparfaites procèdent, dans l'absolu, des choses parfaites, et n'en sont qu'un reflet, il me plairait de dire qu'à un point de vue supérieur, Baudelaire n'est que son imitateur honorable, laborieux et froid, à lui et à Verlaine.

Il ne manque point de Baudelairiens néo-catholiques.

M. Émile Verhaeren (les *Moines*) est Belge comme M. Rodenbach (1). Je goûte moins son talent.

M. Stanislas de Guaita (la *Muse noire; Rosa Mystica*) (2), a suivi une évolution intéressante. Il a dépassé le catholicisme. Il en est présentement à la magie et aux sciences occultes.

M. Albert Jhouney (les *Lys Noirs*) a lui aussi des croyances magiques, et nous y veut convertir. Sa doctrine me paraît consister surtout à se reconnaître pour un mage ; et la fonction du mage me

---

(1) Parmi les autres poètes belges, qui sont nombreux (M. Ivan Gilkin, M. Théodore Hannon, M. Knopff, etc.), je distingue M. Albert Giraud, l'auteur de *Hors du Siècle*, de qui je voudrais citer de beaux vers singuliers.

(2) Il y a en tête de *Rosa Mystica* une cinquantaine de pages sur les poètes contemporains, qui sont d'un esprit curieux et impartial, et qu'on peut lire avec profit.

paraît consister principalement à répéter à tout instant qu'il en est un. J'ai trouvé au reste d'agréables perversités dans la pièce *A un Démon* :

> Tes lourds cheveux bouclés, couleur de saphir sombre,
> Encadrent le contour de ton frêle visage,
> Et versent tristement leurs reflets et leur ombre
> Sur la clarté de ton charmant regard sauvage....
>
> Pensif et gracieux dans ta robe de femme,
> En tes péchés du monde ignorés, tu reposes,
> Ton orgueil se recueille au temple de ton âme
> Où tes calmes remords s'ouvrent comme des roses

Je rapprocherai, du Démon de M. Alber Jhouney, l'Ange que glorifie une belle pièce de M. Louis Tiercelin :

> Il est très beau, celui que j'aime;
> Sa peau brune est comme une gemme
> Rutilante aux feux du printemps ;
> Sur ses tempes, pareils aux ailes
> De deux noirs corbeaux palpitants,
> Ses cheveux ont des étincelles.....
>
> Ses ongles polis et taillés
> Sur ses doigts semblent effeuillés
> Du cœur de très mignonnes roses;
> Ses doigts souples et nonchalants
> Se groupent en de douces poses
> Ainsi que de longs oiseaux blancs....

> Ses yeux sont comme des fleurs bleues :
> En vain ferait-on bien des lieues
> Des collines jusqu'aux sommets,
> Dans les neiges et dans les mousses,
> On ne rencontrera jamais
> Deux petites fleurs aussi douces..... (1)

M. Louis le Cardonnel a célébré les enfants de chœur, d'une âme fervente :

> O purs avec leurs blancs surplis, leurs têtes rases !
> O pleins de grâce, les petits enfants de chœur !...

Ces ferveurs l'ont conduit à se faire trappiste. Il avait donné assez de gages de talent pour qu'on regrette sa disparition ; mais il n'y a plus de vœux perpétuels, et peut-être qu'il nous reviendra un jour ou l'autre.

---

(1) Mais ce n'est pas là la manière ordinaire de M. Tiercelin. Dans ses poésies graves (Les *Anniversaires*), il se montre catholique, non point néo-catholique. Dans les autres, et aussi dans ses comédies (Les *Noces du Croque-Mort*, par exemple), il imite excellemment les richesses de rime et la plaisanterie de M. de Banville. Je voudrais pouvoir citer en entier Les *Trois Doms* (L'Oasis), qui sont une des meilleures fantaisies que je connaisse. Mais ici encore, il reste sensé et prudent. Il est loin d'être si lyrique et si débordant que l'auteur des *Odes funambulesques*. — En tout, et dans le « plaisant » comme dans le « sévère », un je ne sais quoi de net et de positif dans l'esprit est sa marque propre, avec une réelle habileté de forme.

M. Charles Cros n'est point du tout un néo-catholique ; mais c'est du moins un Baudelairien. Il est surtout connu comme monologuiste. Il mériterait de l'être comme poète, pour quelques pièces du *Coffret de Santal*, qui sont d'un artiste étrange et sincère.

La sincérité dans l'étrangeté et, si l'on me permet d'user ici du mot sans tenter de l'expliquer, *la vie*, c'est le caractère aussi et le charme des vers, encore peu nombreux, de M. Paul Guigou, que nous avons vu débuter tout récemment aux côtés de l'excellent poète Maurice Bouchor. Ceux-ci ne sont-ils point d'une beauté singulière ?

Était-ce en Bretagne ? Au loin, sur la lande,
Il flotte une odeur de genêts fleuris.
Je vois des flots verts. — Était-ce en Irlande ?
L'océan est comme un pré sombre et gris.

Le pré sombre et gris des mers d'émeraude,
Bien que disparu, fascine mes yeux.
Mon âme s'en va, le cherchant, et rôde
Éternellement sous les vastes cieux.

Était-ce en Hongrie ? — Une chevauchée
Bondit.... Je les vois, les cavaliers roux.
Leur bannière est d'or et d'azur brochée.
Cymbales. Musique ivre et clairons fous.

Était-ce en Bohème ? — Un ciel de mystère !
Je me souviens bien de l'étrange nuit.
Indiciblement morne et solitaire,
Somptueuse et morne, une lune luit.

Cette lune jaune et sa pâle flamme !
Tout à coup, dans l'ombre, un violon lent,
Désolément doux, doux à fendre l'âme,
Se mit à jouer sur un air dolent.....

Puis la lune au ciel devint blême, blême,
Et le chant mourut. Que cette nuit-là
Ait dû se passer plutôt en Bohème,
Je ne sais pas quoi me le révéla.

Enfin, ce château merveilleux et sombre
Bâti de jais noir et de marbre vert,
Empli de splendeur, de silence et d'ombre,
Aux balcons dorés ouverts sur la mer,

Un vieux roi, pensif et tendre, s'y traîne,
Dont les yeux sont lourds d'ans et de secrets ;
Au balcon renflé comme une carène,
Il s'accoude et songe, ivre de regrets.

Il s'en va, s'en vient, il dort, il s'éveille,
Ivre de la mer et de regretter ;
Et sa lente vie est toujours pareille,
Et la mort est lente à le visiter.

Un jongleur lui chante un très doux poème,
Parlant d'une coupe en or ciselé.
Était-ce en Hongrie ? Était-ce en Bohème ?
Peut-être au pays du roi de Thulé.

> Terre du désir, ô vague patrie !
> Est-ce un souvenir ? Est-ce un idéal ?
> J'en ai tant rêvé que l'âme est meurtrie.
> Était-ce Elseneur ? Était-ce Fingal ?
>
> Était-ce en Bohème ? Était-ce en Hongrie ?

Je ne doute pas que vous ne sentiez comme moi le charme de ces vers. Et peut-être que, comme moi aussi, vous seriez embarrassés de le bien définir. Ce que je sais, c'est qu'ils me font songer à Henri Heine et à Cazalis, et qu'ils annoncent un poète (1).

II

Si M. Maurice Rollinat eût suivi sa vocation, c'est parmi les poètes rustiques que j'aurais dû le classer. *Dans les Brandes,* son premier recueil, et, je crois, le plus sincère, est d'un Baudelaire campagnard. Vous y trouverez de petits tableaux précis et bizarres, aux lignes durement accusées, une perception aiguë du côté inquiétant des choses. Je goûte le rondel de la tour :

(1) Il faut ranger parmi les Baudelairiens les plus intéressants M. Villiers de l'Isle-Adam, plus connu comme prosateur que comme poète.

> Au sommet de la tour étrange,
> Habite un énorme crapaud...

Et plus encore, peut-être, cette impression de pluie :

> Par ce temps pluvieux qui fait pleurer ma vitre,
> Mon cœur est morfondu comme le passereau.
> Que faire? Encor fumer ? J'ai déjà fumé trop.
> Lire ? Je vais bailler dès le premier chapitre.
>
> En vain tous mes bouquins m'appellent: pas un titre
> Ne m'allèche. O le spleen, implacable bourreau !
> Par ce temps pluvieux qui fait pleurer ma vitre,
> Mon cœur est morfondu comme le passereau.
>
> Et, miné par l'ennui rongeur comme le nitre,
> Je m'accoude en grinçant devant mon vieux bureau.
> Mais ma plume se cabre et refuse le trot :
> Si bien que je m'endors le nez sur mon pupitre,
> Par ce temps pluvieux qui fait pleurer ma vitre...

Il y a moins d'originalité vraie dans les *Névroses*. Le poète a quitté ses campagnes, et sa vieille maison triste et visionnée. Il écrivait pour lui-même. Il écrit pour Madame Sarah Bernhardt et pour M. Albert Wolff, et pour tout le monde. Il se fait halluciné et maniaque à froid, dans le dessein d'étonner les gens. L'inspiration, surmenée, se dérobe souvent. Il se réduit à pasticher Baudelaire et Poë. Il a, pour « tirer l'œil », des procédés de feuilletonniste. Ses titres sont plus alléchants que ses pièces ne sont curieuses (Le *Soliloque de Troppmann*, la *Buveuse d'absinthe*, *Mademoiselle Squelette*.) Il se fait graver en tête de son livre, les yeux creux et hagards, la tête maigre et effarée, avec une broussaille de cheveux par dessus, et des fourrures tout autour. Il accepte je ne sais quel rôle de littérateur phénomène, où je m'afflige de voir descendre un tel artiste.

Mais il demeure artiste en dépit de tout. Il n'est pas jusqu'à son dernier livre, l'*Abîme*, qui ne soit singulier et divertissant. S'il a trop de souci d'étonner, les moyens qu'il y emploie ne sont pas précisément vulgaires. Il a beaucoup d'expérience et de métier. Il a inventé un rythme excellent dont il use bien, dans ses *Frissons*, par exemple :

> Il en est un pur et calmant,
> C'est le frisson du dévouement,
> Par qui l'âme est secrètement
> Récompensée.
> Un frisson gai naît de l'espoir,
> Un frisson grave, du devoir :
> **Mais la peur est le frisson noir**
> De la pensée...

> Les anémiques, les fiévreux,
> Et les poitrinaires cireux,

> Automates cadavéreux
> A la voix trouble,
> Tous attendent avec effroi
> Le retour de ce frisson froid
> Et monotone, qui décroit
> Et qui redouble. (1)

Il est vraiment passé maître dans le rondel, qu'il emploie souvent. Il lui a donné sa marque. Il a créé un genre dans le genre. Poète, il se peut qu'il n'ait pas tenu toutes ses promesses. Versificateur, il est resté adroit et ingénieux. C'est assez pour qu'il m'intéresse ; et que je répugne à le traiter durement.

III

M. Jean Richepin est, comme j'ai dit, un baudelairien de l'espèce « réaliste » et « brutaliste ». Et il est, en même temps, le plus universitaire de nos écrivains, avec M. Sarcey (mais M. Sarcey avoue). — La *Chanson des Gueux* fut son début, brillant et bruyant. Il y célébrait abondamment les « gueux des champs » et les « gueux de la ville ». Une bonne moitié du recueil était divertissante. Partout, au reste, s'étalaient les brutalités, les cru-

(1) *Les Névroses.*

dités à effet. Partout se sentait la bravade, le parti pris d'effarer le bourgeois, la gageure. — Les *Caresses* furent une gageure encore. Sur cent cinquante pièces d'amour, il n'y en avait point une où le poète se montrât amoureux, ni seulement sensuel. Il jouait dans toutes son rôle de « goinfre » en train de « bâfrer » à même la passion. C'était le bourgeois encore qu'il s'agissait d'effarer. — Les *Blasphèmes* furent une gageure, toujours, M. Richepin se déclarait athée, athée à tous les dieux, à celui des chrétiens, à celui des théistes et à celui des panthéistes, et aussi à la déesse Raison, et encore au dieu Progrès. Il ne voyait dans le monde qu'un jeu de la matière et du hasard. C'était une doctrine comme une autre ; et des poètes avant lui l'avaient chantée. Mais lui, dans sa préface, et tout du long de son livre, il se donnait l'air de la découvrir ; et c'était avec des attitudes de révélateur et de matamore qu'il pastichait du Hugo, du Lamartine, et du Leconte de Lisle, traduisait du Lucrèce, et, çà et là, (*Carnaval*) mettait du Léo Taxil en vers. Et c'était là sans doute une excellente plaisanterie (d'autant qu'elle fut beaucoup prise au sérieux) ; mais elle n'était pourtant ni courte ni légère. — Dans la *Mer* enfin, il se déguise en matelot, et il joue à la bonhomie rude. De quel

11.

air, dès le début, il s'adresse au lecteur ! Il le traite familièrement, en camarade, avec des exubérances et des gestes envahissants, et un grand contentement de lui-même. Il me donne envie de me retirer et de me reculer, pour qu'il ne me touche pas... Et il garde son déguisement jusqu'au bout ; mais sous le matelot improvisé, le professeur de rhétorique perce à tout instant. — Quel sera le thème de son prochain livre ? Je ne sais. Mais sûrement, il sera plein de vigueur réelle et de vigueur affectée. On y rencontrera de quoi s'étonner partout, de quoi admirer en quelques endroits, — de quoi rêver, nulle part. On n'y trouvera ni naturel, ni sincérité, ni tendresse, ni nuances. Il tendra à frapper, de façon ou d'autre, le public, et il le frappera. Il aura un grand succès. Et il effarouchera, çà et là, des âmes éprises de douceur et de noblesse.

Ajoutez que, tout en valant presque uniquement par la rhétorique, il ne plaira guère, non plus que ses aînés, aux bons rhéteurs d'à présent. Ils continueront à trouver que M. Richepin décrit comme l'abbé Delille, et qu'il versifie de façon surannée. Un Parnassien me dit : « M. Richepin a eu deux manières. Au commencement, il coupait le vers à l'aventure. Il avait pris ingénument au sérieux les paradoxes de Hugo et de Banville. Il ne voyait pas que dans ces maîtres, toutes les coupes obéissent à une loi secrète. Il se croyait très moderne. Il en etait resté au « vers brisé » de Musset, qui n'est que le vers du premier empire, disloqué. Depuis, il a fait des progrès. Il a relu Hugo. Pour certains exercices relativement simples (une façon de tirade d'alexandrins, la strophe de dix octosyllabes) il l'imite à peu près aussi bien que M. Clovis Hugues. Mais il manque d'oreille incurablement. Le don d'adapter le rythme au sentiment, jamais poète n'en fut dépourvu à ce point. Il est rare qu'il manque de choisir un rythme léger là où il en faudrait un grave, et réciproquement. A cause de cette dissonnance entre le fond et la forme, il est impossible aux hommes du métier de se lire sérieusement ses pièces à haute voix. Elles leur produisent un effet d'irrésistible bouffonnerie »...

Qu'y-a-t-il de vrai dans ce réquisitoire? Je le crois excessif, et décidément injuste. Ni la rhétorique de M. Richepin n'est sans tares, ni sa versification parfaite. Mais il est difficile de lui refuser une « vertu », comme dit le vieux mot hébreu, une puissance de développement qui fait tout passer. Il me paraît avec cela qu'il a souvent méconnu sa vocation. J'entrevois qu'il pourrait nous donner un beau livre. Ce livre contiendrait une moitié de pièces didactiques et classiques, de forme magistrale et simple (dans le ton de certaines pages de la *Chanson des Gueux* et des *Blasphèmes*), et une moitié de chansons populaires, dans la manière de celle de la *Glu*, ou de telle autre, délicieuse aussi, qu'il y a dans la *Mer* :

> Sont venus trois matelots,
> On dit qu'elle est si belle !
> Tous les trois joyeux et beaux,
> Un de Nante, un de Bordeaux,
> L'autre né chez les oiseaux,
> Pour coucher avec elle.

Ce recueil, je désire pour lui et pour nous qu'il nous le donne. Mais aura-t-il autant de succès que les autres ?

M. Jean Richepin a fait école. Parmi les poètes qui se rattachent à lui à quelque degré, je citerai M. Fernand Crésy ou Fernand Icres (Les *Fauves*), M. Emile Goudeau (Les *Fleurs du Bitume*) (1) et, tout récemment, M. Tancrède Martel (*Poèmes à tous Crins*) (2). — M. Paul Marrot (Le *Chemin du Rire*,

(1) Comme M. Charles Cros, M. Emile Goudeau a été un des poètes les plus en vue du *Chat-Noir*. — Je ne voudrais point omettre les vers curieux de M. Camille de Sainte-Croix (plus connu comme romancier), ni les *Sérénités* de M. Albert Tinchant (apprécié aussi comme nouvelliste).

(2) Ajoutez M. Alfred Poussin, auteur de *Versiculets* pour lesquels M. Richepin a écrit une préface.

le *Paradis moderne*, le *Livre des Chaînes*), est un chercheur intéressant, qui manque, je crois, de simplicité d'esprit, non point d'esprit, d'idées, ni de forme. Il a trouvé des thèmes excellents, et il les a traités de façon souvent laborieuse, rarement banale.

M. Raoul Ponchon, l'un des compagnons de M. Richepin (qui le glorifia dans la *Chanson des Gueux*), donne chaque semaine au *Courrier Français* de « belles odes funambulesques » (1), comme les appelle M. Jules Lemaître, extrêmement divertissantes du moins de « lâché » volontaire, d'imprévu et de bonhomie, et qui ressemblent merveilleusement, pour la jovialité, la prolixité, le décousu, aux propos des buveurs qui ont le vin gai. Je goûte ces vers sur la Paresse :

> Vois-je évoluer un fétu,
> Si le moindre atome remue,
> Je lui dis d'une voix émue :
> O moindre atome, que fais-tu ?
>
> Tu vas t'éreinter, misérable ;
> Et tu vas aboutir à quoi ?
> Regarde-moi : je me tiens coi,
> Telle une chose indiscutable.

(1) Par le côté funambulesque, Banville a été peu imité. Son seul disciple important, Glatigny, est mort depuis une quinzaine

Je me plais à cette plaisanterie compliquée :

> Peut-être que Chincholle à Scholl eût donné Chin,
> Dont il n'a cure, et qui semble utile à Dorchain...

Et quand M. Ponchon observe que

> Le premier qui fut trois fut le célèbre Dieu,

je suis sensible comme je le dois à cette théodicée. Mais le poète perd, je crois, à être cité. Il faut le lire lui-même, dans toute sa verve et son courant. On me dit qu'il est fort modeste, et qu'il se refuse à réunir ses pièces. J'espère qu'on finira par l'y décider.

M. Maurice Bouchor débuta sous le patronage de M. Jean Richepin. Dans son premier recueil, les *Chansons joyeuses*, il s'appliquait à terrifier les gens ; et il y mettait une jovialité tranquille à qui je trouve un charme singulier :

> Je suis un bon vivant, très joyeux et très doux,
> Qui me moque du Pape et de la Sainte-Ampoule...

Avec les chansons terrifiantes alternaient les chansons folles :

d'années. J'ai déjà cité les fantaisies de M. Tiercelin. Je citerai aussi celles de M. Ernest d'Hervilly, et surtout de M. Emile Bergerat, le très brillant auteur d'*Enguerrande* et de la *Nuit Bergamasque*.

> Il me vient ce joyeux caprice
> D'emporter sous un ciel propice
> Celle des tours de Saint-Sulpice
> Que l'on a changée en nourrice...

Et M. Paul Stapfer était scandalisé. Et M. Maurice Bouchor se réjouissait, comme dit Homère, en son cher cœur. Pourtant, dans ce livre de début même, de délicieuses variations sur des thèmes de Shakespeare, de petites chansons d'amour très douces :

> Au petit sentier passa ma mignonne,
> Et le doux sentier se mit à fleurir...

prouvaient qu'il y avait dans le poète autre chose qu'un mauvais plaisant. Dans ses livres suivants (*Contes parisiens*, le *Faust moderne*, les *Poèmes de l'amour et de la mer*) et dans celui-ci surtout, il tend à se dégager de l'influence de M. Richepin. Dans l'*Aurore*, il est tout à fait lui ; et combien différent de ce que nous le vîmes à ses débuts !

En des poèmes d'un ample déroulement, et d'une abondance intarissable, il dit les amours idéales, et les joies que donne à l'esprit la possession de la sagesse. Ce sont des sonnets le plus souvent, reliés l'un à l'autre et se suivant en chaîne continue. Il y a je ne sais quoi de beau et de noble en soi dans cette forme ; et M. Maurice Bouchor m'en fait sentir la noblesse et la beauté mieux que personne. On est porté sans effort, et j'oserai dire qu'on flotte d'un poème à l'autre ; c'est comme la pensée et l'âme du poète qui circule de page en page, et les anime toutes. On a l'impression d'une vie faite d'une suite ininterrompue de rêves, tout entière soulevée par une même aspiration vers l'idéal... Joignez que, si la facilité, — la prolixité, si l'on veut, — dé M. Maurice Bouchor avaient pu nous inquiéter dans tel recueil précédent, elles deviennent admirables dans celui-ci. Elles ont, comme chez M. de Banville, quelque chose de divin. Et sans doute, M. Bouchor n'a de Banville que l'ampleur, non l'éclat. Mais son style n'est point pourtant si uniforme, que çà et là des richesses de verbe shakespeariennes n'en viennent rompre la large et lente monotonie. Et puis il a la pensée, le sentiment. Quels mots admirables il trouve, et qui partent d'une âme née stoïcienne, pour nous conseiller l'abandon aux volontés de la Nature-Mère !

> Aime la grande Mère, et tu seras joyeux :
> Mais une âme orgueilleuse est durement froissée...

Quel accent de noblesse et de tristesse, et quelle grandeur enfin, dans ce sonnet par où le poète annonce à la Bien-aimée sa dernière série de chants (Les *Etoiles*) !

> Divine Miranda, voici le dernier chant
> Qu'en prenant son essor Ariel te dédie.
> En puisses-tu goûter la simple mélodie,
> Et qu'il soit chaste et fier pour être plus touchant !
>
> J'irai bientôt, parmi les nuages d'argent,
> Poser mon vol léger sur la lune agrandie,
> Ou, du ciel presque éteint ravivant l'incendie,
> Plonger mon corps de feu dans le soleil couchant.
>
> Prospéro me condamne à souffler des tempêtes ;
> J'emboucherai la nuit de sauvages trompettes :
> O Miranda, voici la dernière chanson.
>
> Econte, et puisse-t-elle, ennoblissant ma peine,
> Faire passer en toi le sublime frisson
> Qui nous traverse l'âme au cri d'une âme humaine !

Ainsi chante le poète à présent, et nous sommes loin, comme vous voyez, des *Chansons joyeuses*. Le vieil Ennius se vantait d'avoir trois âmes. Il semble que M. Maurice Bouchor en ait montré deux jusqu'ici. La première était sœur de l'âme de M. Ponchon ; la seconde me paraît (je le dis sans raillerie) proche parente de l'âme de Marc-Aurèle...

VI

LES HABILES

MM. CATULLE MENDÈS. — JACQUES MADELEINE. — JEAN LORRAIN. — ROGER MILÈS. — ÉMILE PEYREFORT. ADELPHE FROGER. — JULES TRUFFIER. — ÉMILE MICHELET. — ÉPHRAÏM MIKHAEL. — GASTON DE RAIMES. — DE TOURNEFORT. — JOSEPH GAYDA. JEAN AJALBERT. — MARSOLLEAU. — FÉLIX NAQUET. — MARIÉTON. — RODOLPHE DARZENS. — VICTOR PITTIÉ. — VICTOR MARGUERITTE. — THÉODORE MAURER. — GEORGES VANOR.

Il y eut au temps jadis (avant la guerre) un groupe de Parnassiens dont M. Mendès passe pour avoir été le chef accepté. Ces Parnassiens, le public les accusait de n'avoir souci que de la forme, et de ne mettre ni sincérité ni émotion dans leurs vers adroits. Si l'accusation était vraie pour tous, je ne sais. Chez tous les poètes que j'ai cités (qu'ils aient appartenu, ou non, au groupe parnassien primitif) le fond a quelque importance. Beaucoup sont d'excellents artistes ; mais ils n'ont point que de l'habileté. Ils ont une vision propre, des sentiments à eux. On peut les aimer pour d'autres raisons que de pure forme. Il semble au contraire, à première vue du moins, que M. Mendès soit le représentant de la pure théorie parnassienne.

I

Et plus que toute femme il aima la marquise
De Z. Il n'eut pas tort, et plus d'un l'envia ;
Car vous ne savez pas quelle femelle exquise
Fut cette rousse enfant qu'on nommait Fulvia.

Ses lèvres exhalaient le frais parfum des menthes,
Son chant faisait pâmer la nuit les rossignols,
Et, beauté qui me charme entre les plus charmantes,
Des mains d'Italienne et des pieds espagnols.

Si bien que Fulvio, devant la séductrice,
Soupirait à mi-voix, de bonheur alangui,
« Oh ! laisse-moi baiser, tant que je les meurtrisse,
Ta main de Camargo, ton pied d'Amaëgui ! »...

De qui sont ces vers ? De Musset ? Non, certes. Ils ne seraient ni si bien construits, ni si bien rimés. L'imitation se trahit ici par sa perfection même. Ils sont de M. Mendès. (1)

Et de qui est ce début ?

> Moi, le vieux champion des nations, que couvre
> D'ombre le Vatican et de faux jour le Louvre...

Vous m'arrêtez tout de suite, parce qu'on craint toujours que ces choses là ne durent, et vous me dites : « C'est du Hugo ! » Ce sont des vers de Catulle Mendès (2).

> L'œil clos, les bras croisés, et sans qu'un poil ne bouge
> De sa barbe touffue et de ses blancs sourcils,
> Cet homme a l'air d'un mort qui se tiendrait assis,
> Tant sa forme est rigide en sa tunique rouge...

« Voilà, dites-vous, d'excellent Leconte de Lisle. » — Sans doute, mais le quatrain est de M. Mendès (3).

M. Mendès fait aussi bien le Banville quand il veut, et le Baudelaire. Il ferait du Sully, du Coppée, et du Verlaine aussi, s'il daignait. Et tous ces pastiches sont d'une habileté qui tient du prodige.

(1) *Philoméla.*
(2) *Contes épiques.*
(3)   *Id.*

C'est une chose qui nous effraie, qu'on puisse, à ce point, donner, en se moquant, l'illusion du génie. En vérité, M. Mendès n'est pas seulement un poète d'anthologie. Il est l'anthologie faite homme. Il pourrait inventer, à lui tout seul, un recueil excellent de morceaux choisis.

Cette aptitude incroyable à s'assimiler tout, ce scepticisme par dessous et cette indifférence, ce seraient de suffisantes originalités à M. Mendès. Il en a d'autres. Il y a des pièces, dans son œuvre, où il est lui, vraiment ; et elles sont délicieuses. Je ne crois pas qu'il ait d'égaux dans le rondel, dans le sonnet, dans le madrigal, dans les chansons d'amour, dans ce qu'on nommait autrefois les petits genres. Il est admirable dans les bagatelles ; et s'il y a un « sublime » du joli, comme La Bruyère n'était pas loin de le penser, il est sûr qu'il l'a souvent atteint. Je voudrais que le mot ne fût point devenu si banal pour pouvoir dire que beaucoup de ses petites pièces sont des « bijoux. » Connaissez-vous rien qui soit « mieux fait » que ceci, et plus ravissant ?

> C'était entre les deux allées,
> L'une de houx, l'autre d'ormeaux :
> Je l'attendais sous les rameaux
> Tout pleins de querelles ailées.

> Pour charmer l'attente craintive,
> Je m'étais avisé d'un jeu :
> Je croirai qu'elle m'aime un peu,
> Si le long des houx elle arrive.
>
> Mais si, toute rose d'aurore
> Comme la nue où le jour naît,
> Sous les ormeaux elle venait,
> Oh ! ce serait qu'elle m'adore !
>
> Aucun sort ne vaudrait le nôtre :
> S'adorer, c'est ét 3 divins...
> — Hélas ! mignonne, tu ne vins
> Ni par un chemin, ni par l'autre (1)

Ainsi soupire M. Mendès, avec beaucoup de tranquillité, mais avec plus de grâce encore. Au reste, il ne soupire pas toujours ; et d'ordinaire, ni la forme chez lui n'est si simple, ni le fond si innocent. Ce qui le distingue, c'est qu'il a tout ensemble la science d'un lettré consommé et des gentillesses perverses de coquette hystérique et froide. Il semble qu'il réunisse en lui l'âme du docte Ménage, et celle des Colette et des Lila, doctes aussi à leur manière. Il a des sensualités, et, dans les sensualités, des enveloppements et des entortillements qui ne sont qu'à lui. Lisez ce rondel, que je ne me charge point de vous commenter :

(1) *Intermède.*

> Puisque les fleurs n'ont qu'un calice,
> Tu ne ressembles pas aux fleurs.
> Elles ont en vain les couleurs
> De ta peau blanche, et rose et lisse.
>
> En vain la gourmande mélisse
> Pour tes parfums prendrait les leurs
> Puisque les fleurs n'ont qu'un calice,
> Tu ne ressembles pas aux fleurs.
>
> Et moi, fou d'un double délice,
> Je prends en pitié ces voleurs
> De baisers, les vents enjôleurs,
> Dont sur les lis le souffle glisse,
> Puisque les fleurs n'ont qu'un calice... (1).

Et pourquoi citer ce rondel-là ? Tous les autres sont des merveilles. Tout à l'heure, essayant de le définir, j'allais de Ménage à Lila, « des vieux sages aux jeunes folles. » Et voici que c'est Chérubin maintenant qu'il me rappelle. Mais l'étrange Chérubin, qui sait plus de choses que tous les docteurs de Salamanque ! Savez-vous que M. Mendès fait ses délices de Jean Bonnefons, et qu'il a écrit des milliers de vers latins ? (2) (mais il y a dit

---

(1) *Intermède.*

(2) La plupart sont inédits. Un certain nombre ont cependant été publiés à Bruxelles vers 1862, avec ce titre : *Voluptatum libros tres edidit Caïus Valerius* (prénoms de Catulle). L'édition est aujourd'hui très rare.

surtout ce que le latin seul tolère). — Plus je le considère, et plus je l'admire. Je crois bien qu'il est (et non pas seulement pour ses vers) le plus grand lettré de notre décadence. Et sans doute, sa poésie nous va rarement au cœur. Mais il est si savant ! Il a tant de grâce et d'esprit ! Et puis, ce n'est pas que le cœur qu'on peut toucher, et il lui reste de nous émouvoir d'autre façon... Son œuvre est quelque chose comme la villa d'Hadrien, qui contenait des réductions de tous les monuments de l'univers. Seulement, dans l'édifice composite, vous trouverez un coin décoré d'un goût bien personnel : et c'est l'alcôve.

II

Je placerai ici les poètes que je n'ai point su placer ailleurs, et qui font des vers habiles (d'une habileté qui est souvent gaucherie auprès de celle de M. Mendès.)

Il y a de l'habileté, et de la grâce aussi dans l'*Idylle Eternelle* de M. Jacques Madeleine (pour qui M. Mendès a écrit une préface charmante). — M. Jean Lorrain, l'auteur du *Sang des Dieux* et de la *Forêt bleue*, a de la richesse d'imagination et de la science de facture. Il est du nombre de nos bons versificateurs et de nos bons poètes. — Les *Ebauches* de M. Roger Milès sont trop modestement nommées. — M. Emile Peyrefort (la *Vision*) a fait des vers excellents dans la manière de M. de Hérédia. — M. Adelphe Froger (*A Genoux*) me semble disparu aujourd'hui. Il coupait le vers parnassien de façon particulièrement divertissante :

> Que les autres, le front couronné d'asphodèles,
> Réjouissent leur cœur en des amours fidèles,
> Et qu'ils chantent et qu'ils s'enivrent, et que leurs
> Ames divines soient exemptes des douleurs
> Intolérables dont l'âme des hommes souffre.
> Moi, je vis comme dans un vêtement de soufre
> Qu'auraient tissé pour moi des dieux magiciens,
> Avec mes désespoirs, mes délires anciens,
> Mes épouvantements, mes hontes et mes haines,
> Qui me pèse comme un déroulement de chaînes,
> Et qui me suit partout; et c'est à cause du
> Mystérieux et triste amour qui m'a perdu...

C'était le dernier mot de la hardiesse il y a dix ans. Nos décadents ont bien changé tout cela depuis. — M. Jules Truffier, qui appartient, comme on sait, à la Comédie française, n'est pas un versificateur impeccable. Mais il a trouvé un jour une bien jolie chanson dans la manière de M. Mendès :

> Pourquoi vos yeux que j'adore
> Et dont l'éclat me séduit
> Lancent-ils des feux d'aurore,
> Puisqu'ils sont couleur de nuit ?
>
> Pour si peu qu'elle le touche,
> Pourquoi mon front pâlissant
> Blêmit-il sous votre bouche,
> Puisqu'elle est couleur de sang ?
>
> Pourquoi, mis hors du corsage,
> Vos seins gonflés et polis
> Font-ils rougir mon visage,
> Puisqu'ils sont couleur de lis ?
>
> Et pourquoi votre âme, où sombre
> L'espoir de mon amour pur,
> Me fait-elle un destin sombre,
> Puisqu'elle est couleur d'azur ?

Et je voudrais encore citer de lui la villanelle :

> Mon amoureux est cornette
> Aux chevau-légers du roi...

qui est des meilleures que nous ayons. — Il y a de l'habileté dans les vers de M. Emile Michelet et de M. Ephraïm Mikhaël (1). Il y en a dans l'*Ame inquiète* et les *Croyances perdues* de M. Gaston de

(1) Et aussi dans ceux de M. Pierre Quillard, qui a des affinités avec M. Mikhaël.

Raimes ; dans les *Traversées* et l'*Immortelle Chanson* de M. de Tournefort ; il y en a dans l'*Éternel Féminin* de M. Joseph Gayda et dans les *Paysages de Femmes* de M. Jean Ajalbert ; il y en a dans les *Baisers perdus* de M. Marsolleau, dans *Haute Ecole* de M. Félix Naquet, dans la *Viole d'Amour* de M. Mariéton, dans la *Nuit* de M. Darzens, dans les vers de M. Victor Pittié, dans ceux de M. Victor Margueritte et dans ceux de M. Théodore Maurer. Je crois même qu'il y en a dans les sonnets de M. Georges Vanor...

Un des plus distingués entre ces poètes, M. Ephraïm Mikhaël, nous a fait, je crois, leur confession à tous. Il s'est comparé (dans l'*Automne*) à un mauvais évêque qui, au moment d'élever l'ostensoir, n'a point de pensées saintes dans l'âme, mais songe uniquement à l'admiration qu'il doit exciter parmi les fidèles. Ainsi de lui, dit-il. L'amour qu'il chante lui importe peu ; il tient surtout à faire admirer sa chanson. J'en aurais eu quelque soupçon, s'il ne l'eût avoué. Mais lui, du moins, a montré assez d'habileté pour qu'on lui souhaite sincèrement de lui voir montrer un jour autre chose.

III

Voilà beaucoup de rimeurs habiles; et j'en pourrais citer d'autres. Jamais le « métier » ne fut si répandu. Le public a conclu de là que « tout le monde savait faire les vers, » et il s'en est fait une excuse à ne lire ceux de personne. De là, parmi les poètes, un désir de piquer l'attention et un goût croissant des singularités. Déjà, M. Richepin, M. Rollinat, obéissaient au besoin d'étonner. Ce besoin, beaucoup de leurs jeunes confrères en étaient agités obscurément. Un poète extraordinaire se rencontra. Ceux qui désiraient se signaler par quelque étrangeté s'empressèrent d'imiter celles de M. Paul Verlaine ; et ils se décorèrent des noms de « décadents » et de « symbolistes »..

LIVRE IV

DÉCADENTS & SYMBOLISTES

D'école décadente proprement dite, ayant un maître et des disciples, et des principes nettement formulés qui se puissent discuter, il n'y en eut, à vrai dire, jamais. Il y eut seulement ceci : Deux poètes du Parnasse, de tempérament très différent et de valeur très inégale, M. Paul Verlaine et M. Stéphane Mallarmé, étaient arrivés, chacun de son côté, et, à ce qu'il semble, sans grand souci du succès ni de la réclame, à une façon d'écrire très personnelle, et la moins faite du monde pour être imitée. Ils y étaient arrivés, l'un par une sorte d'exaspération des sens, l'autre par une manière de dérangement des facultés cérébrales. Des jeunes gens, qui n'avaient ni les sens exaspérés comme le premier, ni peut-être même (en dépit des apparences) le cerveau ébranlé comme le second, mais qui avaient, en revanche, un grand amour du bizarre, et un grand désir d'étonner leurs contemporains, imitèrent à froid les étrangetés de ces deux maîtres. Parmi ces jeunes, un seul, M. Jean Moréas, fit preuve de talent. Les autres sont, peu s'en faut, négligeables.

I

M. PAUL VERLAINE.

> Je suis venu, calme orphelin,
> Riche de mes seuls yeux tranquilles
> Vers les hommes des grandes villes :
> Ils ne m'ont pas trouvé malin. (1)

Ainsi chantait un jour, naïvement et bizarrement, à son ordinaire, un poète dédaigné longtemps, qui s'est mis lui-même au nombre des « maudits », et qui a trouvé à son nom le charmant et mélancolique anagramme de « Pauvre Lelian. » Mais voici qu'on commence à juger M. Verlaine malin ; et c'est justice.

(1) *Sagesse.*

II

M. Paul Verlaine n'est pas un « jeune. » Il a aujourd'hui quelque quarante-cinq ans. Et il n'est pas non plus un débutant. Il a publié ses *Poèmes Saturniens* en 1866. Il fut un moment, avec M. Mendès et M. Coppée, l'un des poètes les plus remarqués du Parnasse. Ses *Fêtes Galantes* surtout furent bien accueillies. Sainte-Beuve s'intéressait à lui. Hugo lui exprimait son admiration. Monselet écrivait à la garde de son exemplaire cette note qu'un bibliophile me signale : « Paul Verlaine est jeune, **petit**(?), d'une physionomie bizarre. Il a beaucoup de talent... » M. Zola suivait, dit-il quelque part, M. Verlaine et M. Coppée avec une curiosité égale, se demandant lequel irait le plus loin. M. Verlaine disparut subitement peu de temps après la guerre, et l'on fit quinze ans le silence sur lui. Depuis quelques années seulement, il est rentré dans la vie littéraire. Il a une école maintenant, et, en dehors même de son école, il a des dévots.

Ce ne sont pas ses premières œuvres que ces dévots préfèrent ; et je pense qu'ils ont raison. Les *Poèmes Saturniens* sont un livre de jeune homme. La mode était aux impassibles. L'œuvre se ressent de leur influence. Il est plaisant de voir ce poète, le plus sensuel et le plus troublant qui soit, affecter la sérénité olympienne à ses débuts, et calquer docilement les professions de foi de M. Mendès :

Est-elle en marbre ou non, la Vénus de Milo ? (1)

Rien de moins verlainien aussi que ces longues tirades d'alexandrins dissertatifs (façon Hugo), ces étalages de noms barbares (Hugo encore, ou Leconte de Lisle); cette recherche de la rime très riche (Banville); ces pièces de sujet impersonnel, et même historique, comme la *Mort de Philippe II*. — Plus tard, le poète ne dira plus que ses rêves ; et il répudiera les procédés de ses maître comme trop grossiers. Déjà, dans les *Poèmes Saturniens*, on sent que cette lourde jonglerie de la rime riche le fatigue, que sa rapidité et sa mobilité de sensations s'en accommodent mal. Çà et là, il s'en tire par la première cheville venue, qu'il ne prend guère au sérieux :

Une connexité *grandiosement alme*,
Liait le Kchatrya serein au guerrier calme...

(1) M. Mendès avait dit :

La grande Muse porte un peplum bien sculpté,
Et le trouble est banni des âmes qu'elle hante...
Pas de sanglots humains dans le chant des poètes !

Et c'est dans ces « fumisteries » que M. Jules Lemaître a cru voir des ingénuités prétentieuses d'illettré.

Les *Fêtes Galantes* sont un recueil de plus d'intérêt. Imaginez le thème de la *Fête chez Thérèse* de Hugo, repris et développé en de petites pièces dans le genre de celles des *Sérénades* de M. Mendès. Seulement, les madrigaux de M. Mendès sont calmes autant qu'habiles ; et ceux de Verlaine sont déjà tout pleins de troubles et d'étrangetés. Lisez ces vers sensuels et mystérieux :

> Le soir tombait, un soir équivoque d'automne.
> Les belles, se pendant rêveuses à nos bras,
> Dirent alors des mots si spécieux, tout bas,
> Que notre âme, depuis, toujours tremble et s'étonne...

Ou cette piécette d'une bizarrerie inquiétante :

> En dépit des destins jaloux,
> Mourons ensemble, voulez-vous ?
> — La proposition est rare.
>
> Le rare est le bon. Donc, mourons
> Comme dans les Décamérons...
> — Hi, hi, hi, quel amant bizarre !
>
> Bizarre, je ne sais. Amant
> Irréprochable, assurément.
> Si vous voulez, mourons ensemble ?

> — Monsieur, vous raillez mieux ancor
> Que vous n'aimez, et parlez d'or ;
> Mais taisons-nous, si bon vous semble.
>
> — Si bien que ce soir-là, Tircis
> Et Dorimène, à deux assis
> Non loin de deux sylvains hilares,
>
> Eurent l'inexpiable tort
> D'ajourner une exquise mort...
> — Hi ! hi ! hi ! les amants bizarres !

Verlaine est là presque entier, avec ses frissons, sa conviction que le bon c'est le rare, ses rêves de « mort exquise ». Il est sur le chemin de la folie sensuelle. La *Bonne Chanson* y marquera un temps d'arrêt.

Ce sont de courtes pièces d'amour, assez voisines de celles de M. Coppée. Ce qui les distingue, c'est la sincérité continue, l'enfantine candeur d'âme. La divine image que celle-ci :

> Isolés dans l'amour ainsi qu'en un bois noir,
> Nos deux cœurs, exhalant leur tendresse paisible
> Seront deux rossignols qui chantent dans le soir...

Et quel élan de joie dans ces vers !

> J'ai depuis un an le printemps dans l'âme,
> Et le vert retour du doux floréal,
> Ainsi qu'une flamme entoure une flamme,
> Met de l'idéal sur mon idéal.

> Le ciel bleu prolonge, exhausse et couronne
> L'immuable azur où rit mon amour.
> La saison est belle et ma part est bonne,
> Et tous mes espoirs ont enfin leur tour...

Cette délicieuse pureté de forme et de fond, jamais plus M. Verlaine ne la retrouvera. Il a beau se promettre de rester le même à travers toute la vie, de « chanter des airs ingénus », pour charmer « les lenteurs de la route ». Ils le sont joliment, ingénus, les airs qu'ils a chantés depuis! Il s'est dérobé au pouvoir de la « petite fée », et il est tombé aux mains d'un Génie méchant et subtil, qui lui a appris beaucoup de choses perverses. Après la *Bonne Chanson*, il n'a plus fait que dire la mauvaise : et tantôt ceux qui l'aiment s'en affligent, et tantôt aussi ils n'en savent plus que penser, parce que la mauvaise leur paraît plus intéressante encore que la bonne.

III

Le caractère essentiel de la seconde manière de M. Verlaine, c'est la sensualité aiguë, la perversité : mais une perversité nullement voulue, concertée ni acquise, toute sincère, et si l'on pouvait dire, naïve... Aux perversités du fond, répondent mille étrangetés dans la forme. Elles ne sont point mises là dans le dessein d'étonner, ni au hasard non plus. Le poète obéit à un instinct merveilleux. Une sorte de divination particulière lui fait trouver à tout instant quelque forme insolite qui rendra mieux que toute autre ce qu'il a senti. Ces étrangetés, je n'en essaierai point une étude méthodique. J'en note quelques-unes, un peu au hasard. — Comme le poète est agité toujours, il préfère aux vers de nombre pair, plus solides et plus calmes, ceux de nombre impair, dont l'allure a je ne sais quoi de dévié et de troublé. Il aime surtout le vers de onze syllabes et celui de treize, qui ne sont point rythmiques en eux-mêmes, qui n'existent, si je puis dire, que par allusion à l'alexandrin. Le vers de onze syllabes est un alexandrin incomplet, inquiet, tressautant. Il est admirablement propre à exprimer les inquiétudes sensuelles :

C'est la fête aux sept péchés. O quelle est belle !
Tous les désirs rayonnaient en feux brutaux.
Les appétits, pages prompts que l'on harcèle,
Promenaient des vins roses dans des cristaux...

> Et la bonté qui s'en allait de ces choses
> Etait puissante et charmante tellement
> Que la campagne autour se fleurit de roses
> Et que la nuit paraissait en diamant (1).

Le vers de treize syllabes est un alexandrin allongé, abandonné, et, si l'on osait dire, vautré. Il exprimera merveilleusement l'espèce d'abandon où l'on se plaît après les excès des sens :

> Ah ! vraiment c'est triste ! ah ! vraiment, ça finit trop mal !
> Il n'est pas permis d'être à ce point infortuné :
> Ah ! vraiment c'est trop la mort du naïf animal
> Qui voit tout son sang couler sous son regard fané. (2)

— Comme le poète a des instants d'infinie langueur, il lui arrivera de faire rimer les mots avec eux-mêmes ; et cette négligence calculée aura je ne sais quel charme de nonchalance et d'épuisement. — Comme il passe rapidement et par sauts d'un sentiment à un autre, il fera volontiers alterner dans ses pièces un quatrain de rimes toutes masculines avec un quatrain de rimes toutes féminines. — Comme sa pensée est extrêmement mobile, il supprimera toute liaison entre ses phrases ; et, comme toujours quelque secousse subite le

(1) *Crimen amoris* (Jadis et Naguère).
(2) *Sonnet boiteux* (Jadis et Naguère).

traverse, il les coupera d'exclamations imprévues.
— Enfin, il introduira dans la versification française un procédé nouveau pour elle, ou à peu près : l'assonance. Il aura des assonances mystérieuses, qui achèveront la pensée comme en un rêve :

> Voici que la nuit vraie arrive :
> Cependant, jamais fatigué
> D'être *inattentif et naïf*,
> François-les-bas-bleus s'en égaie... (1)

Il en aura d'exaspérées, où palpitera toute la folie du désir :

> Dans un palais, soie et or, dans Ecbatane,
> De beaux démons, *des satans adolescents*,
> Aux sons d'une musique mahométane
> Font litière aux sept péchés de leurs cinq sens. (2)

J'oserai dire qu'il est, avec Ronsard et Hugo, le plus grand inventeur que nous ayons eu dans le rythme et la langue. Seulement, les inventions de Hugo et de Ronsard étaient bonnes pour tous ; et les siennes ne sont bonnes que pour lui. Elles ne sauraient servir qu'à exprimer des états très spéciaux, des frissonnements de tout l'être, des alanguissements absolus. Merveilleuses entre ses

(1) *Romances sans paroles.*
(2) *Crimen amoris.*

mains, elles sont inutiles à tout autre. Ç'a été la folie de toute une école que de les vouloir employer.

IV

Quelles furent les aventures du poète ? Jusqu'où le conduisit son goût des étrangetés et son besoin de frissons nouveaux ? Ce n'est point mon affaire de m'en enquérir, et je n'ai pas à scruter son existence intime. Mais ce qu'on peut dire, puisque aussi bien cela est attesté par cent allusions éparses dans ses vers, c'est qu'il s'attira de rudes expiations. Le « prélnce » de Tartarin ne connaissait qu'un seul côté de Tarascon. Il y a des villes aussi que le subtil et divin poète de la *Bonne Chanson* ne connaît que par un côté...

Quelles qu'aient été d'ailleurs ses fautes, les bonnes âmes les lui pardonneront, parce qu'il a chanté son repentir très doucement. Lisez ces adorables stances qu'il écrivait dans une de ses solitudes forcées :

> Le ciel est par dessus le toit
> Si bleu, si calme!
> Un arbre par dessus le toit
> Berce sa palme.

La cloche dans le ciel qu'on voit
    Doucement tinte.
Un oiseau, sur l'arbre qu'on voit,
    Chante sa plainte.

Mon Dieu, mon Dieu, la vie est là
    Simple et tranquille.
Cette paisible rumeur-là
    Vient de la ville.

— Qu'as-tu fait, ô toi que voilà,
    Pleurant sans cesse,
Dis, qu'as-tu fait, toi que voilà,
    De ta jeunesse? (1)

Et celles-ci ne sont-elles pas bien douces encore?

Un grand sommeil noir
Tombe sur ma vie :
Dormez, tout espoir!
Dormez, toute envie!

Je ne sais plus rien,
Je perds la mémoire
Du mal et du bien.
O la triste histoire!

Je suis un berceau
Qu'une main balance
Au creux d'un caveau.
Silence! Silence! (2)

(1) *Sagesse.*
(2) *Id.*

Et comme il suppliait tendrement celle qu'il avait offensée!

> Ecoutez la chanson bien douce
> Qui ne pleure que pour vous plaire :
> Elle est discrète, elle est légère :
> Un frisson d'eau sur de la mousse!
>
> La voix vous fut connue (et chère?)
> Mais à présent elle est voilée
> Comme une veuve désolée,
> Pourtant comme elle encore fière,
>
> Et dans les longs plis de son voile
> Qui palpite aux brises d'automne
> Cache et montre au cœur qui s'étonne
> La vérité comme une étoile.
>
> Elle dit, la voix reconnue,
> Que la bonté c'est notre vie,
> Que de la haine et de l'envie
> Rien ne reste, la mort venue...
>
> Accueillez la voix qui persiste
> Dans son naïf épithalame.
> Allez, rien n'est meilleur à l'âme
> Que de faire une âme moins triste!
>
> Elle est *en peine* et *de passage*,
> L'âme qui souffre sans colère,
> Et comme sa morale est claire!...
> Ecoutez la chanson bien sage (1).

(1) *Sagesse.*

V

Mais ces gémissements divins et ces divines prières, nul ne les écoutait ; et quel isolement que celui où le poète dut vivre pendant des années !

Quand Circé eut changé en pourceaux les compagnons d'Ulysse, croyez-vous que ces pourceaux-là fussent tout à fait pareils aux autres ? J'imagine qu'ils avaient quelque chose de plus soyeux et de plus lumineux, et qu'on les sentait comme baignés de je ne sais quelle atmosphère divine. Ils inspiraient aux marins d'Ithaque une horreur sacrée ; mais les autres pourceaux aussi devaient les craindre, et s'inquiéter à leur approche, et les sentir étrangers à leur famille.

Ainsi de ceux que le rêve a conduits à la folie sensuelle. Nul ne les comprend, ni ceux dont ils se sont séparés, ni ceux au niveau desquels ils ont voulu descendre. Ils marchent seuls, durant toute la vie ; et les corps de pourceaux qui emprisonnent leurs âmes sont de merveilleux ouvrages où se reconnaît la main d'un dieu...

VI

Pour augmenter encore cet isolement, M. Verlaine eut l'ingénieuse idée de se convertir au catholicisme. Et il passa six ans quelque part, dans les Ardennes, à prier devant des statuettes de la vierge Marie. Âme tout instinctive, pour oublier le mépris des hommes, pour recouvrer sa propre estime, et le droit à l'orgueil que rend l'absolution mystique, il avait senti le besoin de croire ; et tout de suite il avait cru. Cette conversion lui inspira un recueil de poésies chrétiennes (*Sagesse*) ; et je crois bien que ce sont là, avec ceux de Villon et de La Fontaine, les seuls vers chrétiens de notre littérature. Comme M. Verlaine est sincère dans ses repentirs, et dans ses effusions à Dieu ! (Qu'on les compare seulement à celles de Hugo). Comme on sent revivre dans le poète l'âme de ces pauvres gens de Palestine, couverts de toutes les fautes et de toutes les souillures, qui suivirent Jésus sans longs raisonnements, parce qu'il leur semblait beau et qu'il parlait bien, et que sa douceur les relevait à leurs propres yeux ! Quelle foi sincère et ardente dans ces litanies admirables ! (Remarquez qu'il n'y a point de rimes, et que les vers sont divinement harmonieux).

O mon Dieu, vous m'avez blessé d'amour
Et la blessure est encore vibrante,
O mon Dieu, vous m'avez blessé d'amour.

O mon Dieu, votre crainte m'a frappé
Et la brûlure est encor là qui tonne,
O mon Dieu, votre crainte m'a frappé....

Noyez mon âme aux flots de votre vin,
Fondez ma vie au pain de votre table,
Noyez mon âme aux flots de votre vin.

Voici mon sang que je n'ai pas versé,
Voici ma chair indigne de souffrance,
Voici mon sang que je n'ai pas versé.

Voici mon front qui n'a pu que rougir.
Pour l'escabeau de vos pieds adorables,
Voici mon front qui n'a pu que rougir.

Voici mes mains qui n'ont pas travaillé.
Pour les charbons ardents et l'encens rare,
Voici mes mains qui n'ont pas travaillé.

Voici mon cœur qui n'a battu qu'en vain.
Pour palpiter aux ronces du calvaire,
Voici mon cœur qui n'a battu qu'en vain.

Voici mes pieds, frivoles voyageurs.
Pour accourir au cri de votre grâce,
Voici mes pieds, frivoles voyageurs...

> Dieu de terreur et Dieu de sainteté,
> Hélas ! ce noir abîme de mon crime,
> Dieu de terreur et Dieu de sainteté,
>
> Vous, Dieu de paix, de joie et de bonheur
> Toutes mes peurs, toutes mes ignorances,
> Vous, Dieu de paix, de joie et de bonheur,
>
> Vous connaissez tout cela, tout cela,
> Et que je suis plus pauvre que personne,
> Vous connaissez tout cela, tout cela,
>
> Mais ce que j'ai, mon Dieu, je vous le donne.

Et quand vient la rechute, quand les tentations l'ont emporté, et que le poète est retombé pour jamais dans ses fautes, quels accents prodigieux de définitif abandon !

> Je ne peux plus compter les chutes de mon cœur (1).
> . . . .
> Je suis l'empire à la fin de la décadence
> Qui regarde passer les grands barbares blancs..... (2).
> . . . .
> Ah ! tout est bu, tout est mangé, plus rien à dire !... (3).

(1) *Amour.*
(2) *Jadis et Naguère.*
(3) *Id.*

VII

L'étrange poésie que celle-là ! Elle est à la fois la plus sincère et la plus égoïste qui soit ; et comme elle est différente de toutes les autres ! Jamais de sujet impersonnel, ou simplement déterminé. Point de développements d'idées, ni d'artifices de rhétorique. Nul souci du lecteur, nul désir de l'étonner, nul besoin même d'être compris par lui. Mais ces vers, qui ne nous sont point destinés, comme ils nous touchent pourtant ! On aime en leur auteur le plus naïf des hommes, en même temps que le plus compliqué des artistes ; un poète presque unique, qui partage avec le vieux Villon cette gloire singulière d'avoir uni une absolue et enfantine sincérité d'accent à une merveilleuse habileté de facture ; une âme charmante jusque dans le mal, comme celle de Villon lui-même, mais plus étrange, toujours vibrante et frémissante à quelque vent, traversée de secousses subites, agitée d'inquiétudes et de tressaillements qui viennent s'exprimer sans effort en vingt rythmes tressaillants et inquiets ; une sorte de phénomène attirant et monstrueux; et, si l'on veut, l'homme-frisson de la poésie contemporaine...

Le malheur est que des adolescents mal avisés ont voulu, comme j'ai dit, imiter le poète (1). Je me l'imagine volontiers comme une sirène chantant entre deux écueils, dont l'un est l'héliogabalisme, et l'autre le vers de onze syllabes, et qui ne mangera point les petits jeunes gens qu'aura séduits sa chanson miraculeuse (elle n'est pas si féroce), mais qui les laissera fort bien se noyer sans se soucier d'eux... — Sans métaphore, je souhaite de grand cœur que les imitateurs renoncent à leur besogne, et que le maître poursuive son œuvre.

VIII

Continuez, ô poète, à chanter candidement vos tristesses, vos perversités et votre folie ! Et si beaucoup aujourd'hui dédaignent la chanson et le chanteur, ne vous irritez pas et ayez confiance. Plus tard, lorsque après tant de vaines agitations, vous aurez fermé vos yeux lassés, et que, pareil à

(1) Je n'entends point condamner en bloc tous les jeunes poètes qui se sont réclamés de M. Verlaine. Je parlerai plus loin de M. Charles Vignier. Je fais cas des vers trop rares que je connais de M. Charles Morice.

Nisus, vous vous reposerez dans la mort tranquille, votre œuvre, que vous-même voilez aujourd'hui, apparaîtra ce qu'elle est, et sera jugée suivant ses mérites. S'il faut alors que tout soit dit sur votre vie, il se trouvera de bonnes âmes pour le dire dans un esprit de sympathie et de douce pitié ; et vous serez compris et plaint, et presque aimé, ô homme simple qui avez eu des aventures si compliquées ! ô poète de la *Bonne Chanson*, qui êtes devenu celui de *Jadis et Naguère*, — pauvre, pauvre Lélian !

II

MM. STÉPHANE MALLARMÉ. — JEAN MORÉAS.

I

Je ne m'arrêterai point longtemps sur M. Stéphane Mallarmé. Il écrivit jadis, aux temps du Parnasse, des vers très clairs et très banals. Il en écrit maintenant qui sont dépourvus de sens autant que d'harmonie, absurdes également pour l'oreille et pour l'esprit; et il se rencontre des gens qui le considèrent comme un grand penseur et comme un grand musicien. Voici un sonnet que je prends au hasard. Je ne l'entends ni plus ni moins que les autres :

Une dentelle s'abolit
Dans le doute du jeu suprême
A n'entr'ouvrir comme un blasphème
Qu'absence éternelle de lit.

Cet unanime blanc conflit
D'une guirlande avec la même,
Enfui contre la vitre blême,
Flotte plus qu'il n'ensevelit.

Mais chez qui du rêve se dore,
Tristement dort une mandore
Au creux néant musicien,

Telle que vers quelque fenêtre,
Selon nul ventre que le sien,
Filial on aurait pu naître.

Et malgré moi, je me souviens d'un « fumiste » dont parle Monselet (1). Ce « fumiste » avait inventé « le coup des propos interrompus ». Il se penchait vers son voisin de table au moment du potage, et lui disait doucement : « Il y a dans ce potage des combinaisons dont le soulèvement pourrait se sous-entendre sans nuire à l'austérité des fonctions illusoires... »

(1) Les *Femmes qui font des scènes.*

II

M. Jean Moréas, le poète des *Syrtes* et des *Cantilènes*, est un rhéteur très conscient, très laborieux et très habile. Je ne crois pas que les versificateurs soient nombreux qui possèdent aussi bien que lui leur métier. Beaucoup de ses vers pourraient être étudiés jusque que dans les plus minces détails. Regardez de près ceux-ci, sur un « Ruffian » :

>Sa main de noir gantée à la hanche campée,
>Avec sa toque à plume, avec sa longue épée,
>Il passe sous les hauts balcons indolemment... (1)

Comme l'allitération *gantée* et *campée* rend ce qu'il y a de provocant dans l'attitude du ruffian ! Comme le vers suivant, très long, avec ses six coupes égales, nous fait parcourir des yeux la distance qui sépare le bout de l'épée de la plume de la toque ! Comme l'arrêt sur *hauts*, suspend, en quelque sorte, les balcons ! Comme le grand mot *indolemment* termine admirablement la phrase, et impose à l'esprit l'idée d'une démarche languis-

(1) *Cantilènes.*

sante et abandonnée! — Et dans ces autres vers :

> Sous vos longues chevelures, petites fées,
> Vous chantâtes sur mon sommeil bien doucement...

ne saisissez-vous pas en vue de quel effet la césure est débordée ? ne voyez-vous pas que les petites fées de la fin disparaissent presque sous les longues chevelures du commencement ?

Mais ce versificateur excellent s'est astreint, par goût des nouveautés, à imiter les étrangetés de rythme de M. Paul Verlaine ; et elles ne répondent pas à grand chose chez lui, parce qu'il est tout à fait dépourvu de perversité, et aussi froid que M. Verlaine est frissonnant. Au reste, il a dépensé à cette imitation beaucoup de science et de talent. Et elle ne l'a point empêché de se faire une manière à lui. Ce qui distingue cette manière, ce sont, d'un côté, d'assez nombreux emprunts à la langue du moyen âge ; et c'est, de l'autre, l'emploi d'un système d'expression que l'auteur a inventé (au moins il le pense) et qu'il nomme symbolique.

Savez-vous ce que c'est que le symbolisme ? Le mot est imposant. La chose est simple. Symboliser, cela consiste tout uniment, après qu'on a trouvé une image pour exprimer un état d'âme, à ne point énoncer cet état d'âme, mais l'image seulement qui le matérialise. Si (ayant d'abord mentalement comparé mon espoir à un vaisseau) au lieu de dire : « Vaisseau de mon espoir, es-tu perdu à jamais ? », je dis comme M. Moréas :

> Chère galère, avec ta riche cargaison,
> Es-tu prise à jamais dans les glaces du pôle ? (1)

je fais du symbolisme ; et si j'ajoute, comme M. Moréas :

> Mon regard fatigué contemple l'horizon
> Monotone, à travers les barreaux d'une geôle (2)

(au lieu de dire : du fond de mon ennui où je suis enfermé comme en une geôle), c'est du symbolisme, encore ; et si, au lieu de dire : « J'étais un enfant candide et j'ai été pris au piège. Mes illusions sont comme des cerfs blessés qui s'enfuient, une flèche au front », je dis seulement :

> Surpris les essors aux embûches malitornes !
> Les cerfs s'en sont allés la flèche emmi les cornes :
> Aux durs accords des cors les cerfs s'en sont allés (3).

c'est du symbolisme, toujours, que je fais. A ce compte, le symbolisme n'est pas chose d'hier. Il

---

(1) *Cantilènes.*
(2) *Id.*
(3) *Id.*

ne faudrait pas beaucoup chercher pour en trouver des exemples dans les épopées homériques. C'était un symboliste, le premier poète qui a dit : « La nuit descend sur mon âme, » au lieu de dire : « Il descend sur mon âme une tristesse plus noire que la nuit. » M. Moréas ne fait pas autre chose. Seulement, tandis qu'avant lui on le faisait de façon inétudiée et intermittente, il le fait, lui, de façon volontaire et continue. Et puis, il choisit, en général, pour symboliser, les images les plus rares qu'il peut. Voilà tout.

Cela étant, il est bien clair que le procédé symbolique est aussi justifiable qu'un autre, et qu'il vaut exactement ce que vaut celui qui l'emploie. M. Moréas a fait de beaux sonnets symboliques, où je ne vois rien à redire. Comme il les fait, en général, sur des thèmes extrêmement simples (désillusion universelle, lassitude de l'amour, désir de se réfugier dans la pensée pure), il n'est pas trop malaisé, avec un peu d'attention, de deviner de quoi il s'agit...

Ici, un admirateur m'interrompt et me dit : « Le procédé n'est pas seulement sans inconvénients. Il a deux avantages. D'abord, de tels états d'âme ont été exprimés tant de fois que l'expression directe en est devenue banale affreusement ;

et je sais gré au poète de me l'épargner, et aussi de compter sur ma pénétration, de me donner le plaisir et le petit orgueil de surmonter, pour l'entendre, des difficultés qui restent assez faciles. Et puis, comme deux ou trois états d'âme voisins peuvent fort bien s'exprimer par le même symbole, il arrive qu'on retrouve dans un symbole, suivant la disposition d'esprit où l'on est, deux ou trois sentiments divers ; et il y a ainsi des chances pour qu'on sympathise plus souvent avec le poète. En un mot, grâce au procédé symbolique, la poésie de l'auteur des *Cantilènes* est comme plus dense, d'une part, et plus solide, et, de l'autre, plus compréhensive. »

On peut chicaner là-dessus. Il reste, je crois, que M. Jean Moréas est un moins terrible révolutionnaire qu'il ne semble à ses ennemis, à ses amis et à lui-même.

III

MM. CHARLES VIGNIER. — GUSTAVE KAHN. — RENÉ GHIL.

A part ceux dont je vous ai parlé déjà, les poètes « décadents » sont, comme j'ai dit, négligeables, ou presque. Mais ils ont de telles prétentions, se donnent tant de mouvement, et ont fait ces temps-ci tant de bruit, qu'on est bien obligé, quoi qu'on en ait, de les écouter çà et là. Et il n'y a pas d'inconvénient à essayer de fixer la valeur des principaux imitateurs de MM. Mallarmé, Verlaine et Moréas, — car ce dernier, tant pour son talent très réel que pour avoir apporté avec lui la théorie du symbolisme, est devenu un maître au même titre que ses aînés.

I

M. Charles Vignier, dans son unique recueil intitulé *Centon* (pourquoi, au juste?), s'est appliqué à imiter très directement M. Verlaine. Et je le regrette, car la manière de l'auteur de *Sagesse* n'est point de celles qui se doivent imiter. Et puis, il y a, en tout cas, une nuance entre l'imitation et le pur emprunt, et il arrive souvent à M. Vignier de la méconnaître. Il serait pourtant injuste de nier qu'il y ait çà et là, dans *Centon*, un accent personnel. Si beaucoup de pièces ne se distinguent de celles de M. Verlaine qu'en ce qu'elles sont moins bonnes, quelques-unes s'en distinguent d'autre façon. Trop souvent, l'auteur ne fait que du Verlaine médiocre; mais il fait parfois aussi du Verlaine moins sensuel, ou plutôt, sensuel autrement, tout plein de coquetteries, de mièvreries et de langueurs, du Verlaine, si l'on pouvait dire, féminin. Quelques vers suffiront à donner une idée de ce « faire » :

> Dans une coupe de Thulé
> Où vient pâlir l'attrait de l'heure,
> Dort le sénile et dolent leurre
> De l'ultime rêve adulé.

> Mais des cheveux d'argent filé
> Font un voile à celle qui pleure,
> Dans une coupe de Thulé
> Où s'est éteint l'attrait de l'heure...

J'imagine que tout en ne comprenant guère cette langue (ce qui est aussi mon cas), vous saisissez pourtant comme moi ce que la fréquente répétition de l'*l* donne aux vers de languissant, et comme de las. Tels quels, ces vers sont d'ailleurs des meilleurs du recueil. Si je dis que j'ai été touché par cet hendécasyllabe :

> .....l'odeur
> *Des vents qu'ont vantés les dorades en or...*

(sans que j'aie, d'ailleurs, rien à objecter à qui me soutiendrait qu'il est absurde), et si j'ajoute que cet adjectif m'a paru joli :

> Mon bel amoureux, viendras-tu
> Sur un batelet *pointu?*

je serai tout à fait en règle avec M. Charles Vignier. Mais un joli adjectif et un vers singulier, cela suffit-il vraiment pour qu'on soit sacré poète? M. Vignier ne le pense point, paraît-il. Absorbé maintenant par la préparation d'*Éléments de psycho-physique* et la rédaction d'articles de reportage, il n'attache pas, me dit-on, une très grande importance à son recueil de poésies ; et je ne puis qu'être de son sentiment là-dessus.

II

Au reste, M. Vignier est un grand poète, si on le compare à M. Gustave Kahn. Celui-là est un imitateur de M. Jean Moréas, c'est-à-dire proprement un symboliste. Encore une fois, le procédé symbolique me paraît aussi défendable qu'un autre. Tout dépend de l'ouvrier. C'est, si l'on veut, une excellente chose que le symbolisme de M. Moréas ; mais c'en est une navrante que le symbolisme de M. Gustave Kahn.

Le livre de M. Kahn s'intitule les *Palais nomades*. (Pourquoi, mon Dieu ?) C'est un poème divisé en plusieurs parties, où l'auteur s'est proposé, à ce que j'ai pu saisir, de décrire sous forme symbolique une série d'états d'âme qui s'amènent l'un l'autre. D'ailleurs, je ne crois pas avoir compris plus d'une cinquantaine de vers. J'en ai goûté trois ou quatre :

> Ils sont si clairs, les cheveux roux
> De Jésus dont je suis en quête !...

ou bien :

> Ton allure si lente est le pas de mon rêve,
> Désir devenu doux d'avoir tant attendu !...

Mais quel avantage M. Kahn espère-t-il retirer du style qu'il emploie presque partout ? Quand il « chante »

> La cité d'or et de lointains,
> Si fabuleuse d'astrologues,
> De médailles et d'analogues,
> La cité d'or des temps éteints....

J'entrevois bien à peu près, par grand hasard, ce qu'il veut dire. Mais croit-il que ses vers, pour être écrits de façon sauvage, parlent plus à l'imagination que les vers de M. Verlaine :

> Dans un palais, soie et or, dans Ecbatane...

qui sont intelligibles ; ou, mieux encore, que les vieux vers de Hugo,

> Qui les voyait passer à l'angle de son mur,
> Pensait à ces cités D'OR, DE BRUME ET D'AZUR,
> Qui font l'effet d'un songe à la foule effarée,
> Tyr, Héliopolis, Solyme, Césarée...(1)

S'il le croit, il sera au moins seul à le croire. Tous les autres penseront que deux cents pages

(1) Les *Chevaliers errants*. (Légende des Siècles, 1ʳᵉ série.)

uniformément inintelligibles, ce n'est pas seule une chose folle, ce qui ne serait rien, mais une chose mortellement ennuyeuse, ce qui est grave. Et de fait, M. Kahn ne sait pas à quel point son livre est ennuyeux.

L'imprévu de la versification devrait pourtant le rendre amusant. Il n'y a peut-être qu'une dizaine de manières pour faire de bons vers ; mais il y en a mille pour en faire d'exécrables. M. Gustave Kahn les connaît et les pratique toutes, et cela donne à son livre une grande variété.

Il y a, presque à chaque page, des *Palais nomades*, des vers de trois syllabes et des vers de dix-sept, et de dix-neuf, et de vingt-quatre, tout cela entremêlé sans loi saisissable, pour moi du moins. Y-a-t-il une loi pourtant, trop compliquée et trop savante pour que je l'aie pu saisir ? Je le croirais, si M. Kahn avait un jour prouvé qu'il sait faire des vers aussi savants et aussi compliqués seulement que M. Mérat ou que M. Mendès. M. Moréas, lui, en a fait de tels ; et c'est parce qu'il sait son métier que nous pouvons suivre avec intérêt ses innovations. S'il se rend ridicule, ce sera tant pis pour lui ; et s'il fait d'aventure quelque trouvaille intéressante, ce sera tant mieux pour nous. Mais M. Kahn n'a jamais fait ses preuves ; et j'ai beau essayer de prendre au sérieux sa science harmonique, « je me méfie ». Comme d'un rythme compliqué la loi s'aperçoit difficilement, rien n'est plus aisé que de produire un effet d'extrême complication en n'observant pas de loi du tout. Aussi les chercheurs aventureux, mais instruits, comme l'auteur des *Cantilènes*, sont-ils exposés à avoir de singuliers imitateurs. Des jeunes gens qui font encore rimer *bonheur* avec *malheur* et *jeunesse* avec *vieillesse*, arrivent en quelques jours à fabriquer de la fausse complication où l'on peut se tromper. Tel d'entre eux m'a montré à la fois des alexandrins qui rappelaient Luce de Lancival et des choses innommables qui rappelaient M. Moréas... Et des inquiétudes me viennent. Si l'auteur des *Palais nomades* n'était pas plus grand clerc en versification que ce jeune homme ?

Après cela, M. Kahn me répondra sans doute : « Il s'agit bien de vos lois fixes et de votre science pédantesque! Et qu'importe, si j'y suis ignorant ? La loi à laquelle obéissent mes vers est mystérieuse pour moi-même, comme elle le doit être pour le public. Je veux briser tous les moules connus, échapper à l'insupportable monotonie des rythmes traditionnels. Et mes lignes de toute mesure, disposées d'une façon en apparence arbitraire, dénuées même de rimes, seront asservies pourtant aux exigences d'une harmonie tout instinctive, plus complexe et plus variée que celle du vers ancien... » A la bonne heure ; mais M. Kahn sait-il bien que ce qu'il inventera ainsi est connu depuis quelque trois mille ans, et se nomme la prose? L'avertissement le touchera peu, si, comme il est possible, il se moque de nous, mais j'ai idée qu'il ne s'en moque pas tout à fait ; et c'est assurément, étant donnés sa langue et ses vers, ce qu'on peut dire de plus terrible sur son compte.

III

Et M. Kahn est un grand poète si on le compare à M. Ghil, l'élève attitré de M. Mallarmé.

M. Ghil était, je crois, il y a deux ou trois ans, de l'*Académie des Muses Santones* (1). Il écrivait

(1) M. René Ghil a depuis dirigé quelque temps une Revue littéraire : *Ecrits pour l'art*. Parmi les poètes qui y collaboraient je citerai M. Stuart Merrill (Les *Gammes*), M. Viélé Griffin (Les *Cygnes*) et M. Henri de Régnier que nous retrouverons, j'espère, en meilleure compagnie. M. Henri de Régnier, très jeune encore, a déjà publié trois recueils. Le troisième est le plus intéressant. Il contient d'assez beaux sonnets, mi-parnassiens, mi-décadents, qui se ressentent tour à tour de l'influence de M. de Hérédia et de celle de M. Moréas. En voici un dans

alors des vers vaguement lamartiniens. Deux lectures, raconte-t-il quelque part, le transformèrent : celle de M. Zola d'abord, après laquelle « un mot lui vint soudain aux lèvres : Mais c'est un poète, Zola ! » et celle de M. Mallarmé, après laquelle il s'avisa que M. Mallarmé « est un réaliste. » Depuis, il a écrit des vers qui le plus souvent ne se comprenaient pas. Ceux qui se comprenaient ressemblaient à ceux-ci :

Ils vont, les deux longs vieux et d'odeurs du vieux temps,
Un doux revenez-y grise un peu leurs vieux sangs.

le goût symbolique de ce dernier. Pour les non-initiés, il n'est peut-être pas inutile d'expliquer que cela veut dire : « Les passions n'ont pu réussir à troubler mon âme; et je l'ai conservée pure à ma bien-aimée. » Ou, tout aussi bien : « Les passions n'ont pu troubler l'âme de ma bien aimée; et elle me l'a conservée pure. » Ou encore, si l'on veut, tous les deux. Voilà les avantages du symbolisme :

Au site d'eau qui chante et d'ombrages virides,
La meute déroutée a tu ses longs abois,
Et les chasseurs, dans un bruit de cors et de voix
Sont partis sur la piste fausse à toutes brides;

L'étang où n'ont pas bu les chiens n'a pas de rides,
Aucun pied n'a foulé l'orgueil des roseaux droits,
Nul trait aux troncs meurtris des vieux arbres du bois
N'enfonce un memento vibrant d'éphémérides;

Et le Cerf qui s'en vient, le soir, apprivoisé,
Quand sur ma flûte puérile où j'ai croisé
Les doigts, je joue un air coupé de lentes pauses,

A genoux m'offrira ses andouillers noueux
Où je suspends le poids d'un message de roses
Pour Celle aux doux vouloirs que nous servons tous deux.

14.

Il vient de publier un poème qu'il appelle *le Geste Ingénu,* — oserai-je encore demander pourquoi ? — et où plus rien ne se comprend.

Un bien curieux livre que ce *Geste Ingénu !* Cela est un peu plus petit qu'un in-octavo et un peu plus grand qu'un in-12. Sur la couverture, le nom de l'auteur en majuscules, et le nom du livre en petites lettres. A l'intérieur, des pages dont une bonne moitié sont blanches. Les autres contiennent quelques semblants de vers, tantôt en haut, tantôt au milieu, tantôt au bas. Je note deux pages blanches, et tout au bas de la seconde, cet octosyllabe solitaire :

> Mille sanglots plangorent là.

Il y a au commencement des vers, tantôt des majuscules, tantôt des minuscules. — La ponctuation est tantôt rejetée, tantôt admise. — Çà et là, de larges bandes noires coupent le texte. — Quant à la valeur littéraire du livre de M. Ghil, on me dispensera d'y insister. Il y a un point au delà duquel il ne faut plus insister, même pour le bon motif. Je cite seulement une page, au hasard, car elles se ressemblent toutes. Ce n'est même plus, comme on verra, du Mallarmé. Chez M. Mallarmé on ne comprenait pas le sens, mais on apercevait au moins la construction. On eût pu faire l'analyse grammaticale de ses phrases inintelligibles. Ici, pas plus de construction que de sens. C'est la nuit complète.

> Tristes les raisons d'ordre exigeraient du règne
> Que les voix du zéphyr ne déheurassent pas
> Tel soir qui veut la gloire à ne vouloir de glas :
> Mais avant des départs héroïques l'augure,
> Tous leurs orgueils donnant, devront! les ventres dieux
> Alentis en soleils de palus radieux
> Très mûrement sourire en une emphase pure
> A la rumeur de leur gestation et du
> Trismégiste sillon élargir l'angle indû.
> Modulé par la peur et l'espoir qu'il énarre,
> L'orphelinage heureux de leur geste léger
> Au devant de l'Ami qui vient de l'étranger
> En deux néants sépare un végétal ignare :
> Mais la pudeur des mains signe le vôpre si
> Moite preuve de nue et de roses quasi,
> Qu'en un doute planant de regret des sonnailles
> Ouï sous la splendeur de l'inespoir des mois
> Des plumes suspendraient une époque d'émois.

Le *Geste Ingénu* n'est que la deuxième partie d'un grand poème qui en contiendra cinq ou six. La première ne nous est pas donnée encore. Dans ces cinq ou six parties l'auteur croit résumer toute l'histoire de l'humanité passée, présente et à venir. Ces prétentions évoquent surtout le souvenir du bonhomme Gagne. Et l'auteur de l'*Unitéide* n'est-il pas après tout le seul ancêtre littéraire que puisse revendiquer M. Ghil ? On me dit qu'il se considère comme le plus grand poète du siècle (malgré M. Mallarmé). Cela est triste, sans doute; mais la critique n'y peut rien. Le cas de M. Ghil ne relève aucunement de la littérature.

IV

Ainsi, M. Verlaine nous a menés à M. Vignier, M. Moréas à M. Kahn, M. Mallarmé à M. Ghil. Il faut convenir que l'école — si école il y a — forme des élèves qui ne lui font guère honneur. Chose admirable, il n'est pas jusqu'à M. Mallarmé qui n'ait le droit de rougir du sien. Mais laissons là l'école : — si elle eût existé jamais, elle fût morte avec la publication des *Palais Nomades* et du *Geste Ingénu*. Après de tels livres, on parlera certes encore du génie de M Verlaine et du talent de M. Jean Moréas, mais on ne parlera sûrement plus de l'avenir de la Décadence ou des vertus du Symbolisme ; et tout n'en ira que mieux...

Mais je ne veux pas dire que tout ira bien. Je crains que les choses ne continuent d'aller mal pour les poètes, et qu'elles ne commencent d'aller médiocrement pour la poésie. Il faut voir avant tout dans le mouvement décadent un effort désespéré de nos rimeurs pour ramener l'attention sur eux. L'effort n'a guère réussi, et le mouvement touche à sa fin. Ce n'a été qu'un accident ; mais peut-être que cet accident aura fait, tout compté, moins de bien que de mal. Sous prétexte de hardiesses, on a pris l'habitude d'être moins sévère pour soi. Se dispenser de rimer, de césurer et d'écrire, ne plus prendre la peine de faire de bons vers parnassiens, c'est ce que beaucoup de jeunes hommes appellent faire des vers décadents. Si je ne me trompe, il y a en moyenne moins de conscience et de sûreté de facture dans les volumes des débutants d'aujourd'hui que dans ceux des débutants d'il y a dix ans. On ne sait plus sa quantité. Nous allons tout doucement à la barbarie...

Sans doute, nous avons beaucoup de poètes

excellents, et je vois des jeunes gens qui seront des poètes excellents demain (M. Paul Guigou, par exemple, et M. Raymond de la Tailhède). Mais les aînés sont, la plupart, découragés, et les nouveaux venus se décourageront de même. Il serait merveilleux qu'un art continuât de prospérer, alors que nul ne s'y intéresse. Il n'y aurait pas longtemps d'orateurs, s'il n'y avait de public pour écouter les discours. Par cela seul qu'il n'y a plus d'amateurs de vers, ou presque, on peut être assuré que bientôt il n'y aura presque plus de poètes. Déjà beaucoup se sont réfugiés dans le journal et le roman. Un poète, c'était autrefois un homme qui faisait des vers. C'est aujourd'hui un homme qui en a fait et qui y a renoncé, après avoir bien constaté que personne n'en voulait lire. M. André Theuriet, M. Armand Silvestre, M. Catulle Mendès, M. Paul Bourget, M. Jules Lemaître, ont plus ou moins complètement déserté la poésie pour la prose. Les désertions de ce genre deviendront chaque jour plus nombreuses. Selon toute apparence, le magnifique mouvement poétique inauguré par les hommes de 1830 est maintenant sur le point de finir au milieu de l'inattention générale. Chanter pour les sourds est un plaisir dont on se lasse. On ne fera plus beaucoup de vers français aux premières années du vingtième siècle. Et qu'on recommence à en faire ensuite, je ne le crois guère. Nous sommes vieux, et très vieux. Voici quelque chose comme huit siècles que le mystérieux Turoldus *déclinait* la Geste de Roland, et que je ne sais quel poète inconnu chantait délicieusement la réconciliation de Renaud et de la belle Erembors. Les Muses vieillissent comme les hommes. La nôtre a huit cents ans. C'est un bel âge, et que celle des Latins n'atteignit pas. Nous ne pouvons nous attendre à ce qu'elle dure toujours. Et voilà pourquoi, aux jeunes gens qui veulent « réformer la poésie », j'ai toujours envie de répondre ce que répondait un perruquier fantaisiste à M. de Banville désireux de faire couper ces cheveux qui devaient l'abandonner si vite : « A quoi bon? Vous n'en aurez plus dans cinq minutes! »

FIN

INDEX ALPHABÉTIQUE

DES NOMS CITÉS

A

Ackermann (Louise), 10, 119 à 124, 132.
Aicard (Jean), 92.
Ajalbert (Jean), 207.
Anacréon, 71.
Arène (Jules), 117.
Arène (Paul), 115.
Arlincourt (D'), 68.
Augier (Émile), 77.

B

Balzac (Honoré de), 98.
Banville (Théodore de), 17, 22 à 41, 44, 58, 62, 76, 81, 92, 129, 155, 158, 160, 161, 163, 173, 182, 190, 193, 196, 200, 251.
Barbey d'Aurevilly, 64.
Barbier (Auguste), 119.
Barrès (Maurice), 135.
Bataille (Frédéric), 154.
Baudelaire (Charles), 23, 159, 174, 175, 176, 180, 185, 186, 200.
Beauclair (Henri), 94, 115.
Bernhardt (Sarah), 186.
Blaze de Bury (H.), 64.
Blémont (Émile), 115 à 117.

Boileau, 9.
Bonnefons (Jean), 203.
Bonnefoy (Marc), 154.
Bornier (Henri de), 77.
Bossuet, 71.
Bouchor (Maurice), 183, 194 à 197.
Bourget (Paul), 47, 100 à 103, 230.
Boyer (Philoxène), 63.
Brébeuf, 9.
Breton (Jules), 92.
Brunetière (Ferdinand), 58.

C

Camp (Maxime Du), 77.
Canivet (Charles), 91.
Catulle, 203.
Cazalis (Henri), 124 à 132, 135.
Châteaubriand, 160.
Chénier (André), 135, 140, 141.
Cicéron, 4.
Cladel (Léon), 95, 97.
Clément (J.-B.), 157.
Commerson, 68.
Coppée (François), 54 à 59, 100, 101, 104, 112, 114, 176, 200, 212, 215.
Corneille (Pierre), 3, 141.

254   INDEX ALPHABÉTIQUE DES NOMS CITÉS

Crésy (Fernand), 192.
Cros (Charles), 183, 192.
Cyrano, 156.

D

Darzens (Rodolphe), 207.
Daudet (Alphonse), 64, 66.
Dayot (Armand), 90.
Delille, 190.
Delthil (Camille), 93, 96 à 97.
Démosthène, 4.
Déroulède (Paul), 157.
Dickens (Charles), 98, 103, 178.
Dierx (Léon), 133, 140 à 141.
Dorchain (Auguste), 148, 149, 194.
Dupuy (Ernest), 153.
Durocher (Léon), 91.
Duvauchel (Léon), 99.

E

Ennius, 197.
Eschyle, 9, 31.
Essarts (Emmanuel des), 155.

F

Fabié (François), 93, 95 à 96.
Fauvel (Henri), 103.
Fénelon, 71.
Flaubert (Gustave), 56, 58.
France (Anatole), 133 à 139, 141.
Franck (Félix), 77.
Frémine (Aristide), 91.
Frémine (Charles), 91.
Froger (Adolphe), 205.

G

Gagne, 247.
Garrisson, 99.
Gautier (Judith), 47.

Gautier (*Théophile*), 62, 81, 136.
Gayda (Joseph), 207.
Ghil (René), 244 à 248.
Gilkin (Ivan), 180.
Gille (Philippe), 153.
Gineste (Raoul), 114, 115.
Giraud (Albert), 180.
Glatigny (Albert), 22, 193.
Goncourt, 42.
Goudeau (Emile), 192.
Grandmougin (Charles), 99.
Grenier (Edouard), 64, 65.
Grosclaude, 94.
Guaita (Stanislas de), 180.
Guigou (Paul), 183 à 185, 250.

H

Hannon (Théodore), 180.
Haraucourt (Edmond), 133, 141 à 143.
Harel (Paul), 91.
Hartmann, 142.
Heine (Henri), 117, 130, 185.
Hérédia (José-Maria de), 73 à 77, 130, 205, 244.
Hervilly (Ernest d'), 194.
Homère, 25, 68, 195.
Horace, 89, 108, 136, 139.
Houssaye (Arsène), 62 à 63, 67.
Hugo (Victor), 3, 4, 6, 8, 9, 10, 11, 12, 13, 14, 31, 32, 33, 35, 37, 42, 45, 53, 66, 70, 76, 81, 85, 89, 92, 117, 136, 153, 154, 155, 189, 190, 191, 200, 212, 213, 214, 219, 224, 241.
Hugues (Clovis), 154, 194.
Huysmans (J. K.), 102, 103.

I

Icres (Fernand), 192.

INDEX ALPHABÉTIQUE DES NOMS CITÉS 255

J

Jhouney (Alber), 180, 181.
Jouy (Jules), 157.

K

Kahn (Gustave), 240 à 244.
Knopff (Georges), 180.

L

La Bruyère, 201.
Lacaussade (Auguste), 70, 71.
Lafagette (Raoul), 155.
Lafenestre (Georges), 133, 140, 141.
La Fontaine, 18, 224.
Lamartine, 85, 189.
Lancival (Luce de), 243.
Laprade (Victor de), 43.
Le Cardonnel (Louis), 182.
Leconte de Lisle (Ch.), 3 à 21, 22, 23, 37, 58, 70, 71, 75, 76, 133, 134, 140, 141, 153, 173, 189, 200, 213.
Lefèvre (André), 123.
Le Goffic (Charles), 90, 91.
Lemaître (Jules), 9, 24, 56, 64, 65, 73, 101, 135, 143 à 147, 150, 193, 214, 250.
Le Mouel (Eugène), 90.
Lemoyne (André), 98, 99.
Le Vavasseur (Gustave), 91.
Leygues (Georges), 154.
Lieutier (Nelly), 122.
Longfellow, 104.
Lorrain (Jean), 204.
Lucrèce, 123, 124, 189.
Luzel, 91.

M

Mac-Nab, 157.
Madeleine (Jacques), 204.

Mallarmé (Stéphane), 41, 140, 209, 230, 231, 239, 245, 246, 248.
Manuel (Eugène), 104 à 107, 111.
Marc (Gabriel), 92.
Marc-Aurèle, 197.
Marchangy, 68.
Margueritte (Victor), 207.
Mariéton, 207.
Marrot (Paul), 192.
Marsoileau, 207.
Martel (Tancrède), 192.
Maupassant (Guy de), 64.
Maurer (Théodore), 207.
Ménage, 202, 203.
Ménard (Louis), 71, 72.
Mendès (Catulle), 55, 108, 125, 140, 141, 198, 199 à 204, 205, 213, 250.
Mérat (Albert), 107 à 114, 117, 176, 242.
Meusy, 157.
Michelet (Emile), 206.
Michelet (Jules), 7.
Mikaël (Ephraïm), 206, 207.
Milès (Roger), 205.
Millien (Achille), 92.
Mirabeau, 46.
Mousset (Charles), 65 à 70, 212, 231.
Moréas (Jean), 230, 232 à 236 237, 240, 242, 243, 244.
Morice (Charles), 227.
Musée, 10.
Musset (Alfred de), 43, 62, 63, 64, 65, 191, 200.

N

Nadaud, 157.
Naquet (Félix), 207.
Nerval (Gérard de), 62.

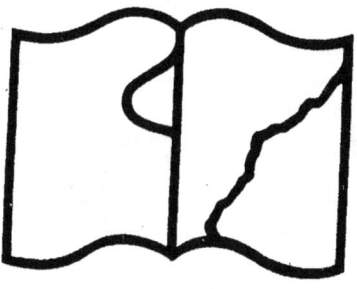

Texte détérioré — reliure défectueuse
NF Z 43-120-11

INDEX ALPHABÉTIQUE DES NOMS CITÉS

Normand (Jacques), 157.

O
Ordinaire (Dionys), 77.
Ovide, 1, 39.

P
Pentadius, 123.
Perse, 12.
Pétrarque, 139.
Peyrefort (Emile), 205.
Piédagnel (Alexandre), 64
Pigeon (Amédée), 148 à 150.
Pindare, 39, 166, 169.
Pittié (Victor), 207.
Plessis (Frédéric), 133, 138, 139.
Poë (Edgar), 186.
Pomairols (Charles de), 126, 150 à 153.
Ponchon (Raoul), 193, 194, 197.
Poussin (Alfred), 192.
Pouvillon (Emile). 97.
Prarond (Ernest), 92, 93.
Proclus,
Properce, 139.

Q
Quellien, 91.
Quillard (Pierre), 206.

R
Racine (Jean), 13.
Raimes (Gaston de), 207.
Rameau (Jean), 155 à 157.
Ratisbonne (Louis), 77.
Régnier (Henri de), 244, 245.
Renan (Ernest), 133.
Renaud (Armand), 153.
Ricard (L. X. de), 154.
Richepin (Jean), 142, 173, 188 à 192, 194, 195, 208.
Rivet (Gustave), 154.
Robidou (Bertrand), 153.

Rodenbach (Georges), 175 à 180.
Rollinat (Maurice), 175, 185 à 188, 208.
Ronsard, 5, 169, 219.
Rutilius, 139.

S
Sainte-Beuve, 62, 73, 176, 212.
Sainte-Croix (Camille de), 192.
Saint-Simon, 71.
Saint-Victor (Paul de), 62.
Sarcey (Francisque), 188.
Scholl (Aurélien), 63.
Schopenhauer, 142.
Sévigné, 12.
Shakespeare, 195.
Siefert (Louisa), 123.
Silvestre (Armand), 22, 160, 161 162, 250.
Siron, 44.
Soulary (Joséphine), 72, 73, 74, 77.
Stace, 105, 169.
Stuart-Merrill, 244.
Sully-Prud'homme, 10, 42 à 53, 55, 59, 100, 101, 118, 122, 125, 143, 146, 147, 153, 200.
Syrianus, 3.

T
Tailhade (Laurent), 22, 161, 162.
Tailhède (Raymond de la), 22, 170 à 173, 250.
Taxil (Léo), 189.
Tennyson (Alfred), 159.
Théocrite, 86.
Theuriet (André), 84 à 89, 212, 245.
Thierry (Edouard) 63.
Tiercelin (Louis), 181, 182, 194.
Tinchant (Albert), 192.

Tournefort (de), 207.
Truffier (Jules), 205, 206.
Turoldus, 251.

V

Vacquerie (Auguste), 77.
Valabrègue (Antony), 114.
Valade (Léon), 82, 114, 116.
Vanor (Georges), 207.
Verlaine (Paul), 41, 55, 173, 175, 200, 208, 209, 211 à 229, 233, 237, 238, 241.
Vicaire (Gabriel), 93, 94, 115.
Vielé-Griffin (Francis), 244.
Vignier (Charles), 227, 238 à 240.

Vigny (Alfred de), 9, 65.
Villiers de l'Isle-Adam, 185.
Villon (François), 224, 227.
Virgile, 44, 124, 137, 139.
Volney, 46.

W

Weiss (J. J.), 13.
Wolff (Albert), 186.
Wyzewa (Téodor de), 156.

Z

Zénon-Fière, 153.
Zola (Émile), 19, 85, 89, 212, 245.

TABLE DES MATIÈRES

Introduction. 1

LIVRE PREMIER
Quatre maîtres.

I. — M. Leconte de Lisle 3
II. — M. Théodore de Banville 22
III. — M. Sully-Prudhomme. 42
IV. — M. François Coppée 54

LIVRE II
Quelques aînés.

Quelques aînés. 61

LIVRE III
Poètes divers.

Poètes divers 79
I. — Les Rustiques 84
II. — Les Modernistes 100
III. — Philosophes, historiens, psychologues 118
IV. — Les Lyriques. 158
V. — Les Baudelairiens 174
VI. — Les Habiles 198

LIVRE IV
Décadents et symbolistes.

Décadents et symbolistes 209
I. — M. Paul Verlaine. 211
II. — M. Stéphane Mallarmé. — M. Jean Moréas. . . . 230
III. — M. Charles Vignier. — M. Gustave Kahn. — M. René Ghil. 237
Conclusion. 249

Émile Colin. — Imprimerie de Lagny.

www.ingramcontent.com/pod-product-compliance
Lightning Source LLC
Chambersburg PA
CBHW050339170426
43200CB00009BA/1661